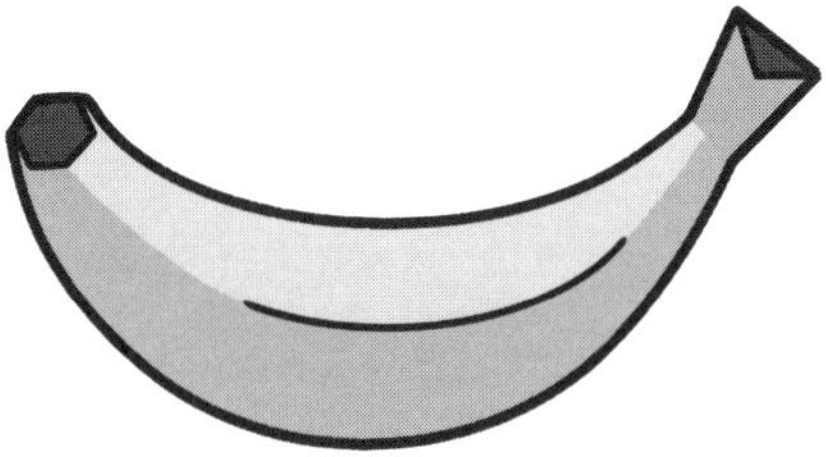

バナナの魅力を100文字で伝えてください

誰でも身につく
36の伝わる法則

編集者
柿内尚文

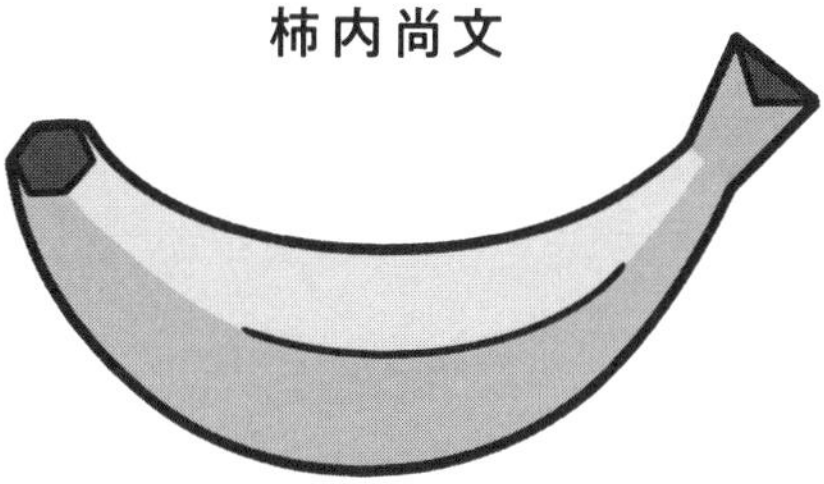

かんき出版

クイズです。

ある人気の八百屋さん。
このお店では普通は
あまり伝えない
「あること」を
お客さんに伝えている
そうです。
「あること」とは
いったい何でしょうか？

答え

「今日おすすめしない野菜や果物」を
正直にお客さんに伝える。

そんな八百屋さんがあるんですね。どこまでもお客さん思いのお店です。

この話を聞いたときはびっくりしました。おすすめしないことを正直に言ってしまったら、その野菜や果物は売れ残ってしまいますよね。

でも、それでもいいそうなんです。

その青果店のお客さんはほとんどが常連さん。日常的にそのお店を使ってくれる人です。そういう人が「おいしくない野菜や果物」を買ってしまったら、お店の評判も落ち、次からは近所のスーパーに買いに行ってしまうかもしれない。だから、できるだけ正直に伝えているそうです。


僕はこの話を教えてもらったとき、**この八百屋さんは伝え方がうまい**と思いました。

なぜなら、**この話には「伝わる方法」が凝縮**されているからです。

この八百屋さんはただお客さんのことを考えてそう伝えているると思いますが、実は「伝わる技術」が使われています。

ひとつは**「ダメなものを伝えることで、良いものが引き立つ」という方法。**「おすすめしない」ことを伝えることで、逆に「おすすめされたもの」の価値は高まります。

これは、伝わる技術のひとつ**「比較の法則」**です。

たとえば、比較の法則は本のタイトルでもよく使われています。

『金持ち父さん貧乏父さん』『頭がいい人、悪い人の話し方』など歴代のベストセラー本も比較を使ったタイトルです。比較することで価値がわかりやすく伝わるのですが、八百屋さんも、結果として同じ方法を使っていました。

2つめの伝わる技術は、**「信頼感」**です。

ダメなものを正直に伝えることで、お店の信頼感を高めています。**正直に話す↓信頼感が生まれる↓信頼感がある人の言葉はスルスル入ってくる。**そんな流れができています。

ちょっとしたことですが、これだけで伝わり方は大きく変わります。

そのためには**「伝わる技術」**を身につけるのが一番です。

技術といっても難しいことではありません。ちょっとしたコツを身につけるだけ。それだけで伝わり方は大きく変わり、また自信にもつながるはずです。

ちなみに、ここまで「伝える」ではなく、「伝わる」と書いてきましたが、この2つは、似ていますが主体が逆の言葉です。

「伝わる」は相手主体。
「伝える」は自分主体。

伝わる技術はさまざまなところで使用されています。

たとえば、**吉野家の有名なコピー「うまい、やすい、はやい」**。このコピーには僕が考える伝わる技術のひとつ**「ファクトとメンタルの法則」**が使われています。

以前大ヒットした**『ビリギャル』**（『学年ビリのギャルが1年で偏差値を40上げて慶應大学に現役合格した話』）には**「フリオチの法則」**が使われています。

こうした伝わる技術は、日常生活でも仕事でも、さまざまなシーンで活用できます。

では、もう一問、「伝わる」に関するクイズです。

クイズ

レストランでいつも
お客さんに出している水。
この水を、中身を変えずに
「おいしい水」に変える方法が
あるそうです。

どんな方法でしょうか？

答え

お客さんに出すときに
「おいしいお水です。
どうぞお召し上がりください」
という気持ちを込めたサインを
お客さんにさりげなく送る。

これは以前、接客のプロに聞いた話です。ここでいうサインとは動作と気持ち。これだけでお客さんへの伝わり方がまったく変わるそうなんです（『接客のプロが教える上客のつくサービスつかないサービス』より）。一つひとつの動作に区切りをつけ、テーブルの前できちんと止まる。お辞儀。グラスを持ち、お客さんの前にスッとグラスを置く。「おいしく飲んでもらいたい」という気持ちを込めて。

もちろん、おいしくない水を出しているのに「おいしい水」とサインを送るのはNGです。でもせっかくおいしい水を出しているなら、そのことをちゃんと届けたい。言葉ではなく態度で示すことで、お客さんに伝わっていく。
たったこれだけのことで、相手が受け取る印象はまったく異なるわけです。

ここまでで押さえておきたいのは次の3つです。

1　人は、伝えてもらわないとわからない。

2　ただ伝えるだけでは伝わりにくい。うまく伝えないと伝わらない。そして、伝え方には技術がある。

3　言葉だけでなく「態度＋表情」も伝わるための大きな要素。

「そんなの当たり前でしょ」と思うかもしれませんが、これらはけっこう忘れられています。

たとえば、夫婦での会話。

付き合い始めたころや新婚のころは、しょっちゅう「愛してるよ」「好きだよ」と言い合っていたのが、日が経つにつれだんだん言わなくなる。一緒に重ねた年月も長くなって心の中では愛情は深まっていたとしても、「愛してる」「好きだ」を口に出さなくなることで、相手の頭の中では「もう私のことを愛していないんじゃないか」「僕のことを好きじゃないんじゃないか」という疑念がわいているかもしれません。

そうなんです。
わかってくれているはず。前に伝えたから大丈夫だろう。
それは通用しません！

人は、言葉はもちろん、態度や表情も含めて「ちゃんと伝えてもらわないとわからない」生き物なんですね。

ではどんな伝え方をしたらいいのか。それをこの本で解説していきたいと思います。

ここで自己紹介をさせてください。
柿内尚文（かきうち・たかふみ）といいます。出身は東京ですが、両親は二人とも鹿児島の出身です。名前の尚文は、初めて見た人にはほぼ100％「なおふみ」と読まれます。「しょうぶん」と読まれたこともありました。

この名前をつけてくれたのは、いまは亡き祖母です。国語の先生だった祖母が「文を尊ぶ人になってほしい」という思いを込めてつけてくれた名前だそうです。自分の名前に影響を受け、編集者という仕事をしています。

祖母が僕に「伝えたかったこと」を名前に託し、その名前に自分の人生が導かれていったのだと思っています。


編集者としてこれまで数多くの書籍や雑誌、ムックを作ってきました。おかげさまでベストセラーも多数出すことができ、企画した本やムックの累計部数は1000万部を超えています。いまでは書籍の編集の仕事だけでなく、依頼を受けた商品やサービスのマーケティングや個人のブランディング、講演やセミナーへの登壇、そして書籍の執筆などもさせてもらっています。

編集者の仕事は、簡単に説明すると**「価値を発見する」「価値を磨く」**

「価値を伝える」の3つで構成されています。

いまこうやって伝え方の本を書かせてもらっているのは、長年「伝える」という仕事をしてきた中で、さまざまな技術を自分なりに蓄積することができたからだと思っています。

でも**実は僕、話すのも伝えるのも「超」が10個つくくらい苦手でした。**

特に人前で話すのは大の苦手で、学生時代は授業中に手を挙げるなんて恥ずかしくてできない。小学生のときの通信簿にはいつも「積極性が足りない」と書かれていたくらいです。学年や先生が変わっても同じことを何度も書かれていたので、いまでもその言葉が脳裏に焼きついています。

予備校に通っていたときに恥ずかしい経験をしました。

日本史の有名講師の授業でのことです。

大人気の授業で教室はぎっしり200人以上はいたと思います。僕は一人で参加していたので、隣の席がぽっかり空いていました。

すると、授業が始まる直前に誰もが知っているある有名な芸人さんが入ってきて、僕の隣の席に座ったんです！

そして「教科書見せてね」と話しかけられました。

授業が始まり、先生がこう言いました。

「今日はあの○○さんが日本史を学びたいということで授業に参加しています」

すると、教室中の生徒たちがその芸人さんに目を向けました。

でも僕には**全員が僕を見ているように思えたんです。**

そして顔がまっ赤に。

いまでもそのときの赤面具合を覚えています。

その芸人さんに「まっ赤になっちゃったぁ」と言われたくらいです。

これは伝え方とは違う話ですが、とにかく人から注目を浴びるのが大の苦手で、人前で話したり、伝えたりするのは苦痛でした。

自分をアピールするのも苦手で、学生時代、就職活動では集団面接が鬼門でした。集団面接ではほかの人がみんなすごい人に思えて、それに比べて自分には自信が持てず、うまく話せなくて落ちるということが何度もありました。

そんな僕が変わることができたのは、ある言葉がきっかけでした。

仕事を始めて数年たったころ。

僕に仕事や大人のたしなみなど、いろいろなことを教えてくれた、少し古い言葉ですが「ちょいワル」な師匠がいました。彼に言われた一言が、自分を変えるきっかけになったのです。

仕事に恥ずかしさをもちこんじゃいけない。性格と仕事は切り離せ。

目からウロコでした。

僕はそれまで自分の性格まる出しで仕事をしていたので、悩むことも多く、たくさんの壁にぶつかっていたのですが、いま思えばそれはすべて「自分の性格」をベースに仕事をしていたからだと思います。

「仕事と性格を切り離せばいいということか！」

これは大きな気づきでした。

考えてみれば、たとえばお笑い芸人でテレビではすごく活発で面白い人が、プライベートでは物静かというような話はよく聞きます。アスリートでも試合中はとにかく熱いのに、普段は穏やかな人がけっこういるみたいですね。

以前、僕が関わった『松岡修造の人生を強く生きる83の言葉』という本の中に、松岡さんのこういう言葉があります。

「二重人格は素敵だ！」

まさに性格を切り離すということを伝えている言葉です。

松岡修造さんのこの言葉と出合ったことで、自分の壁を越えられたという日本を代表するアスリートの方がいます。一流の選手でも性格が壁になり、どう乗り越えるかで悩んでいる人は多いようです。

話を戻します。

僕自身、性格と仕事を切り離せるようになってから、変わることができました。

「これ、伝え方の話なの？」と思うかもしれませんが、伝え方の話です。

伝え方で最初に知っておいてほしいのは、伝え方がうまくなるためには「自分の性格を切り離して伝える」ということ。

こんなこと言ったら相手に嫌がられるかも。

間違ったことを言っているのかもしれない。

誤解されたら嫌だ。

そんな不安があると思いますが、だからといって伝えないままでいると、その事柄は相手にとっては存在しないことと等しいことになります。

存在を示すためにも、まずは「伝える」ことが必要です。

伝えにくいなと思ったら、そのときは

性格を切り離して、別人格になったつもりで伝える。

別人格になりきるには、自分がイメージする「伝え方がうまい人」をマネしてみるのがおすすめです。

「○○さんだったらどういう伝え方をするだろう？」

知り合いでも有名人でも誰でもいいと思います。その人になりきったつもりで伝えてみてください。

そしてもうひとつ大切なこと、それが**「伝わる構造」**と**「伝わる技術」**です。構造を理解して技術を身につければ、伝え方の精度が高まり、性格の壁を越えることもできるはずです。

では具体的にどうすればいいか、その話をこれからしていきたいと思います。

この本で解説している内容は、話を盛ることや無理やりイエスを引き出すためのものではなく、伝えたいことが相手にちゃんと伝わるための方法です。

伝わる構造と技術を、より良いコミュニケーションのためにぜひ活用してください。

それでは、スタートです！

※この本のタイトル
『バナナの魅力を100文字で
伝えてください』に込められた「意味」は、
おわりに（262ページ）で解説しています。
ぜひ最後までお読みください。

「伝わる技術」を身につけると
起こる（であろう）いいこと一覧

・課題解決の役に立つ
・自分の時間が増える
・伝わったことで状況が改善する
・余計なストレスが減る
・人と仲が良くなる
・モテるようになる
・仕事の成果が出やすくなる
・人の時間を奪わない
・営業成績が上がる
・仕事相手に喜ばれる
・会社が楽しくなる
・学校が楽しくなる
・文章や文字を
　書くことが楽しくなる
・頭の中のモヤモヤが減る
・スッキリする
・夫婦関係が良くなる
・親子関係が良くなる
・恋人関係が良くなる
・自己肯定感が高まる
・自分のやっていることの
　価値を発見できる

この本の使い方

●一度読んで終わりにせず、ぜひ何度も読み返してください。

●自分にとって大切な箇所に線を引く、思ったことを余白部分に書き込むなど、この本の内容を、ぜひあなたのものにしてください。

●インプットで終わることなく、自分のケースにあてはめて、どんどん活用してアウトプットしていってください。

●この本をきっかけに、あなた自身の「伝わる技術」を作ってください。

●この本の袖（カバーの折り込まれている部分）は一筆箋になっています。メッセージを書いて、ぜひ大切な人にこの本をプレゼントしてください。（これはお願いです）

目次

第2章 「伝わる」は7階建て構造

第3章　伝える技術　伝わる技術

第4章　「伝わる」人が実践している4つの行動

デザイン　杉山健太郎
イラスト　ユア
DTP　野中賢（システムタンク）
制作協力　落合絵美

第1章

人は、正しいかどうかではなく「伝わったこと」で判断する

伝わらないことは存在しないことと同じ

クイズです。

（この本はクイズが多く出てきますが、できるだけあなたに「伝わるように」と考え、入れています！）

次ページの図を見てください。

「受」という漢字の中に「愛」がひとつだけ隠されています。

5秒以内に「愛」を探してください。

受受受受受受受受受受受受受受受受
受受受受受受受受受受受受受受受受
受受受受受受受受受受受受受受受受
愛受受受受受受受受受受受受受受受
受受受受受受受受受受受受受受受受
受受受受受受受受受受受受受受受受
受受受受受受受受受受受受受受受受
受受受受受受受受受受受受受受受受
受受受受受受受受受受受受受受受受
受受受受受受受受受受受受受受受受
受受受受受受受受受受受受受受受受
受受受受受受受受受受受受受受受受

5秒以内に「愛」を探してください

どうでしょうか。すぐに見つかりましたか？

これは一生懸命探せば見つかりますよね。でも、一見すると全部「受」に見えます。

「愛」があることに気づかない。

これと「伝わる」がどう関係するのかと思うかもしれませんが、かなり関係しています。

たとえば新商品を発売するとき。

いい商品を作ることに一生懸命になる。

伝わるための第一歩は「気づいてもらうこと」

「愛」はここにあった！
気づかない！！
商品やサービスでも
この状態がよくある！

これは必要なことです。

すばらしい商品ができた！　これは売れるぞ！　そう思って、いざ発売してみると……売れない。

なぜだ？　商品がこんなにすばらしいのに。

売れない理由は、商品の魅力がお客さんに伝わっていないからです。

この場合の「伝わっていない」は、そもそもその商品が販売されていることすら知られていないケースもあります。

「愛」の中にある「愛」の状態ですね。

数ある商品の中から「存在」を知ってもらうためには、魅力がしっかり「伝わる」ことが必要！

一生懸命作った商品ですが、世の中では「存在していない」に等しい状態になっているのです。これでは売れるわけがありません。

スーパーに買い物に行ったときを思い浮かべてみてください。

買わないといけないものや、大幅に安くなっているものには目が行くと思いますが、ほとんどの商品はそれがそこにあることにも気づかず買い物をしているはずです。

伝わらないものは、存在していないことと同じ。
だからこそ、伝えたいことをちゃんと伝える必要があるのです。

人は伝わったことで判断する

以前『人は見た目が9割』という本が大ベストセラーになりました。

この本のタイトルにある「見た目が9割」というのは、アメリカの心理学者アルバート・メラビアンが提唱した非言語コミュニケーションの重要性を説く「メラビアンの法則」がベースになっています。

実際に「見た目が9割」なのかどうかは、いろいろな考えがあるようですが、人は目に入った印象で判断してしまいがちなので、「見た目だけで判断してはいけない」といったことが言われているのだと思います。

「見た目」という情報が相手に伝わり、それが判断材料になる。それはつまり、**心の中など、見えない部分は判断材料になりにくい＝「伝わりにくい」**ということでもあります。

「言わなくてもわかってもらえるはず」

「自分のことをわかってくれてるはずだから、わざわざ伝えなくて大丈夫」

残念ですが、そんな期待はしないほうがいいと思います。

ゴマすりが評価されてしまう理由

こんな話を聞いたことがあります。

話してくれたのは努力家で地道に頑張るタイプで、自分をあまりアピールしない人です。

彼がこんな愚痴をこぼしていました。

「うちの上司は僕のことをまったく見てなかった。仕事を一生懸命やってないのに、上司にしょっちゅうゴマをすっている社員の評価が高くて、僕みたいな地道にやっているけどアピールしないタイプの評価は高くない。やってられない」

確かに彼の気持ち、よくわかります。

でも、**こと「伝え方」という側面で見れば、彼の伝え方は失敗しています。**

人は伝えられたことで判断しているので、ちゃんと情報を伝えないとなかなかわかってもらえません。

おべんちゃらを言う必要はないかもしれませんが、**「言わなくてもわかってくれるはず」という考えは捨てるべきです。**

興味や関心は「伝え方」で変わる

うまく伝えることができれば彼の評価はきっと上がるはずです。実際に頑張っているし、成果も出始めているので、そこをちゃんと伝えればいいわけです。

ではどうやって伝えたらいいのか。

誰にでもできる、とても簡単な方法があります。

それは**「接触頻度を高める」**こと。


こんな経験ありませんか?

芸能人で、初めて見たときはなんとも思わなかったけど、テレビや動画で何度も見ているうちにファンになってしまった。

会社や学校で、最初はなんとも思ってなかったけど、毎日会ううちに恋してしまった。

宅配便を毎回同じ人が持ってきたら、その人に親近感がわいてきた。

通販のテレビCMで初めて見たときは「何だこの人は」と思っていた人が、何度も見るうちにだんだん気になってきて、気づけばそこの商品を買っていた。

僕にもそんな経験があります。

「ザイアンスの法則」を知っていますか？　人やモノやサービスなどに何度も触れることで警戒心がどんどん薄れていき、関心や好意を持ちやすくなるという心理的な効果のことです。

上司に評価されていない彼の場合は、**頻度を高めて**、上司に報告や相談をすればいいんです。これならそんなに難しくはありませんよね。「頻度」はとても大切です。

一度伝えただけで伝わったと思うのは危険

「一度言われたことを忘れないのが仕事のプロだ」
20代のころ、先輩によくこう言われました。
理由は、僕が何度も忘れてしまうから。

そして僕が先輩の側になると、今度は後輩に同じことを言っているときがありました。

「プロなんだから、一度言われたことは忘れないで」
でも、いまはそのことを反省しています。

学生のころ、先生から授業で教わったことを一度で覚えるなんて、僕にはできませんでした。復習して、繰り返しインプットすることで頭の中に入れていきました。そのことを忘れて、大人になり「一度で覚えて」なんて言っていたわけですから、難しいお願いをしていたんだと思います。

一度で伝わらないとき、それでも伝えたいのであれば「繰り返し伝えること」が必要です。

ただ、何度も繰り返すのはけっこう面倒です。なので、何が伝わって、何が伝わっていないかを確認する時間を作ってみてください。

たとえば、仕事の打ち合わせ。打ち合わせの内容を相手がちゃんと理解しているか不安なときは、その場で相手と「打ち合わせたこと確認」をします。

打ち合わせの最後の5分を使って、その日打ち合わせた内容をあらためて相手に話してもらう。それだけです。

「打ち合わせたこと確認」で大切なのは、**「伝わっているかどうか不安な人」に話してもらうこと。**

自分の中で理解、納得できていないことはうまく相手に伝えることができないので、何が伝わり、何が伝わっていないか、確認することができます。

人は基本的に話をあまり覚えていない

あなたは人から聞いた話をどれくらい覚えていますか？

僕は自慢になりませんが、かなり忘れてしまいます（なのでメモを相当とっています）。

記憶力や集中力の差もあると思いますが、**人はかなりの情報を忘れてしまう、**もしくは**最初から聞いていません。**

「エビングハウスの忘却曲線」が有名です。

人が何かを記憶したとき、
・20分後には約42％を忘れる
・1時間後には約56％忘れる
・約9時間後には約64％忘れる
・1日後には約66％忘れる
・2日後には約72％忘れる
・6日後には約75％忘れる
・1カ月後には約79％忘れる
という忘却曲線です。

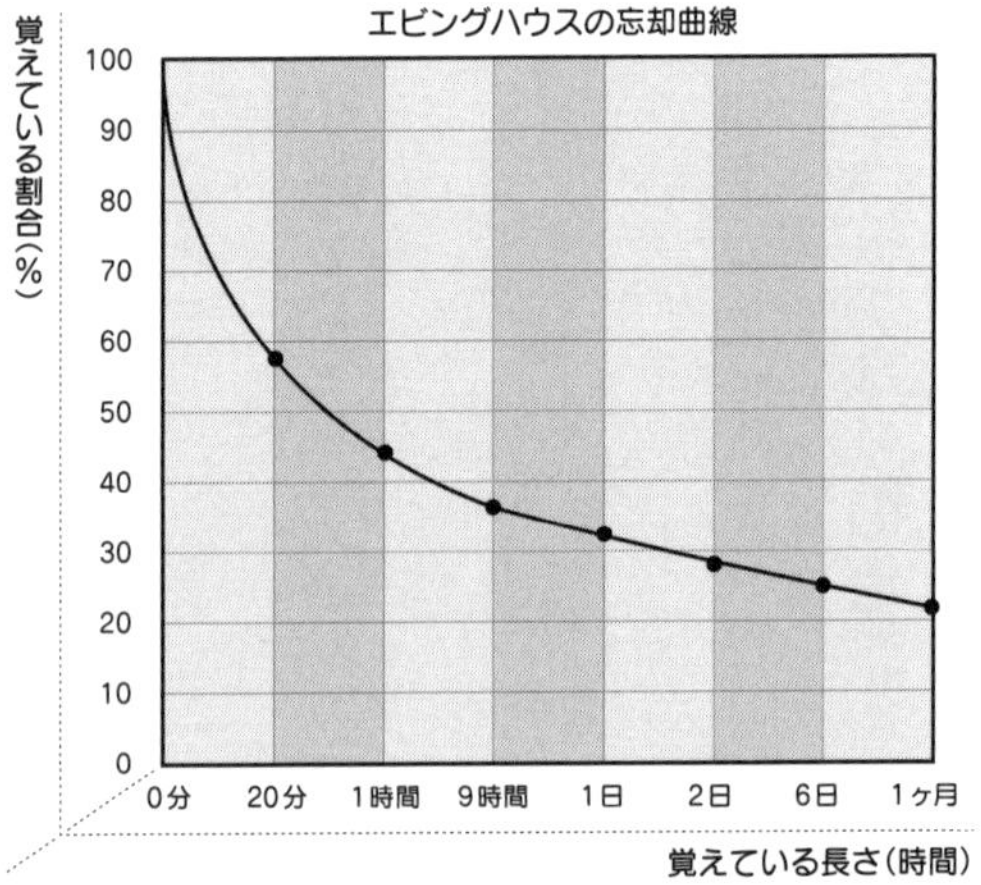

これはインプットした情報に対してなので、最初からインプットしていない情報も合わせれば、ほとんどの情報は「忘却側」に入ってしまいます。

これだけ忘れてしまうわけですから、**自分が伝えたことも相手の「忘却側」に入ってしまう可能性は十分ありますよね。**

なので、忘れられている前提で、伝える頻度を高めることが大切なのです。

「伝える量」と「伝える質」は分けて考える

これまで数多くの伝え方の本が世に出てきました。ベストセラーになったものも多く、それだけ伝えるということに悩んでいる、課題を抱えている人が多いのだと思います。

伝え方といってもいろいろな側面があるので整理しておきます。

最初に整理しておきたいのは、「伝え方の課題は2つある」ということです。

「伝える不足」と「伝え方下手」

この2つです。

● 「伝える不足」↓量の問題
● 「伝え方下手」↓質の問題

この2つをごちゃまぜにせずに、別々に考えるとわかりやすいと思います。

「伝える不足」の問題は、いわば「伝える頻度（回数）」ですね。

先ほど説明したとおり、一度伝えただけでは伝わらないことが多々あります。一度で理解できないこともあれば、忘れてしまうこともあります。だから、伝えたいことは繰り返し伝える（この本でも特に大切だと思うところは何度も繰り返し書いています）。

特に忘れやすい人、理解してもらいにくい人には「頻度」を意識したいところです。何度も言ってるのに……なんて思わずに、目的達成のために自分にできることをしたほうが賢明です。

ただし、**伝える頻度を高めることが逆効果になることもあるので注意が必要です。**

伝えていく中で相手にマイナスの感情を抱かせてしまうと、頻度が高まるにつれ今度はネガティブな感情を強めてしまう可能性があるからです。なので、「伝える技術＝質」が大切になります。

たとえば、**自慢話を繰り返す人。** その人がいくら自慢話の先に伝えたいことがあったとしても、聞いている相手は自慢話を何度も聞くうちにだんだん嫌になり、話の内容にネガティブな反応をしてしまうことがあります。

ほかにも、これは僕の経験談ですが、学生のころ、学校でつまらない授業が続くとその教科がだんだん嫌いになっていくということがありました。これは授業を担当する先生の「伝え方の質」が低いことが原因です。

一方で、**「伝え方の質」が高い先生の授業はおもしろいので、その教科がどんどん好きになり得意になりました。**「伝え方の質」は大切です。

わかりにくい、抽象的すぎる、つまらない……。これらはすべて「伝え方の質」の問題です。

いくら一生懸命伝えたところで、相手からしたら「何が言いたいかよくわからない」ということでは残念すぎます。

これはなにも伝える側だけの責任ではなく、受け取る側の理解度が低いという場合もあります。

だからといって、相手のせいにしても伝わらないことに変わりはありません。

伝えたい、わかってもらいたいのであれば、頻度を高めるとともに、伝え方を工夫し、質を上げることが大切です。

コラム

「話がうまい＝伝え方がうまい」ではない

ある講演会に行ったとき、こんな経験をしたことがあります。

その講師の方はとても話が上手でした。でも、まったく心に言葉が入ってこないんです。なんていうか、頭の上を言葉が通り過ぎていく感じ。

その方は講演のベテランで、これまで何百回も講演をされてきているそうです。

なので、話は本当にスムーズでスラスラ。でも言葉が入ってこない。

話がうまいことと、伝わるということは別ものなんですね。

伝わるとは、伝えたい相手の心に「印象＋記憶」を残すことでもあります。この講師の場合は、ただ言いたいことを羅列した結果、残念ながら「伝わらない」になってしまっていました。

でも、そのことに本人は気づいてないようです。周りからは「話がうまいですね」と言われているでしょうから、気づくチャンスがなかなかないのかもしれません。

「気づきがあった」「心に響いた」「学びになった」であれば伝わっている証になりますが、「話がうまい」だとちょっと違う感想ですよね。

編集者の仕事のひとつに「取材」があります。

取材のときに僕が気をつけていること。**それは、「取材する相手がスラスラ話したままで取材を終えない」**ということです。取材相手は、話しなれていることや自分が話したいことから話をしていくことがほとんどです。でも、それだけで取材を終えないようにしています。話を一度全部アウトプットしてもらったら、そこからが本当の意味でのスタートです。

編集者は取材の中で、テーマを「広げる」「深める」ための質問をしていきます。

相手が話したいことを話してもらうだけでなく、読者になる人たちにとって価値ある情報を引き出していきます。広げる、深めるというアクションは、そのための手法です。

すると、おもしろいことがよく起きるんです。取材相手からこんなことを言われます。

「こんな話を自分がするなんて思っていなかった。新しい気づきもあったし、頭の整理もできた」

そういうときは取材がうまくいったときです。

取材相手の中に潜在的にあった情報や思考を引き出し、言語化することができたからです。おもしろい情報を引き出せたわけです。

話がうまくなりたいと思う人も多いでしょうが、**話がうまくならなくてもいいんじゃないでしょうか**（プロの話し手になりたい人は別です）。

話がうまいということと、話が伝わるは、別ものです。

自分らしい「伝わる技術」を身につけることが、円滑なコミュニケーションを生み出すことになると思います。

第2章

「伝わる」は7階建て構造

「伝わる」ってそういうことだったのか！

ここでまたクイズです。

問題

「バナナの魅力」を一言で教えてください。
（ここは100文字ではなく一言で）

答え

酸味と甘味のバランス（僕の場合）

僕は最近までバナナを何気なく食べていました。小さいときから数えたら月2本くらいとしても、年24本。50年で1200本食べた計算になります。そのうち1100本くらいまでは、本当に何気なく食べていました。バナナさん、ごめんなさい。

でも最近気づいたんです。バナナのおいしさに！

（何の話をしているのかと思われるかもしれないですが、もう少しお付き合いください。伝わる話につながっていきます）

バナナのおいしさのポイントは「酸味」だったんだ！この発見は、僕にとって衝撃でした。だってバナナは「甘味」が価値だと思っていたので。

そんなことにいまごろ気づいたのかと思われるかもしれません。そうなんです。気づかなかったんです。50年にわたり。

気づいたきっかけは、こだわって作っているというバナナを買ったときのこと。あまり追熟させずに、買ってきてすぐに食べました。すると、酸味が強いけど、この酸味がさわやかで、まだそんなに追熟していない甘味とあいまってなんともいえずおいしかったんです。そこで気づきました。

バナナのおいしさ＝酸味×甘味のバランスと質（あくまで僕にとってですが）。

自分にとってのバナナのおいしさの「構造」がわかったんです。

それ以降、追熟で酸味が消えて甘味が強くならないよう、常温ではなく冷蔵庫で保存して追熟のペースを遅らせ、自分が好きな酸味を維持させています。

「構造」。これがポイントです。

構造がわかると、いろいろなことが見えてきます。**何かを身につけるときには、まず構造を知ることで、全体像や本質が理解できます。**

これは「伝え方」にもいえることです。伝わるためにはこの3つが重要です。

①「伝わる構造」の理解

②「伝わる技術」の習得

③「実践（行動）」

僕の前著『パン屋ではおにぎりを売れ』はおかげさまで多くの方に読んでいただきました。

読者の感想で多かったのが、「文章がすごく読みやすくて、頭の中にスラスラ入ってきました」というものでした。

嬉しい感想です。なぜ嬉しいかというと、多くの方に喜んでもらえたことはもちろんですが、もうひとつ、自分が考えていたことがうまく読んでもらった人に伝わったからです。

執筆の際、「伝わる技術」を文章の中に多用して、読む人の理解・納得感を高められるように工夫しました。

特に**重視したのは「読む人の頭の中を想像すること」**。

具体的にはこんなポイントです。

- **理論などが腑に落ちるよう「たとえば」の多用**
- **恋愛やレストランの話など、自分ゴトにしやすい事例の活用**
- **読者と僕の、本を通したキャッチボール**
- **「間」を積極的に活用**

すべて「伝わる構造」を意識し、「伝わる技術」を使って書いたものです。

では、伝わるってどういう構造なのでしょうか？

僕が考える伝わる構造は「7階建てのビル」のような構造をしています。

伝わるビルディングは7階建て

伝わる構造1階　ゴール設定

まず、「伝わる」にはゴール設定が必要です。「何のために」ですね。

たとえ雑談であっても、ゴールはあります。「アイスブレイク」かもしれませんし、「相手と仲良くなるため」かもしれません。ただ雑談をすることがゴールという場合もあります。

ゴールを決めることが大切です。

伝わる構造2階　納得感(理解する、腑に落ちる)

次が「納得感」です。納得感があって初めて「伝わる」が生まれます。納得感とは理解する、腑に落ちるということです。

ゴールを達成するために相手の納得感を得ること。

「あなたの言っていることがよくわからない」

この状態は相手の納得感を得られていません。

「あなたの言っていることはわかるけど、そうは言ってもなかなか難しい」

これは納得感までは得られた状態です。

相手の納得感がないと、伝わったことにはなりません。

伝わる構造3階　相手ベース

そもそも「伝わる」とは相手に「伝えたいことを言うこと」ではありません。

頭ではわかっていても、行動では「伝えたいことをとにかく言っている」という人もいるかもしれません。

でも、

「伝えること（言うこと）」＝「伝わること」ではありません。

こういうことってないですか？　上司と部下の会話です。

上司「ちゃんとこの件は相手に伝わったのか？」
部下「言いましたよ。でもわからないって言われたんです」
上司「それじゃあ、伝わったことにならないじゃないか」
部下「でも言いました！」

「言いました」＝「伝わった」という誤解、よくありますね。

でも相手が理解し、腑に落ちていないならば、それは伝わったことにはなりません。伝えただけです。

なぜ、こういう誤解が起きるのでしょうか。

この部下の人は「自分ベース」な考え方をしていて、相手が不在です。「伝える＝自分が言う」と考えているわけです。

でも、伝えることではなく、きちんと伝わることが大切です。

伝わる＝相手が理解する、腑に落ちる、納得する

これは「相手ベース」ですね。

自分ベースで考えている人は、伝えたいことが伝わらなかった場合、相手のせいにすることも。よく「あの人には何回も言ったのに」「あの人が悪い」と嘆いている人がいませんか。そういう人は残念ながら「伝え方」が下手な人です。

一方で、相手ベースで考えている人は、伝わらなかった場合、表現を変えたりほかの方法を試したりと、伝わるための動きをとります。

相手ベースで考える。これ、赤線箇所です。

伝わる構造4階　見える化

「伝わる」とは「納得感を得ること」だと説明しました。納得感を得るためには、

相手の頭の中に「見える化」させることが大切です。

以前こんなことがありました。

我が家の近くには畑が多く、その一角や自宅前で収穫した野菜の直売所がいくつもあります。散歩のときに通りかかったので、のぞいてみると「大和芋」と書かれた芋が売られていました。

「これって山芋なのかな?」「どんな味なんだろうね?」と一緒に散歩していた妻に聞いてみたのですが、彼女もよく知らないと言います。

すると、農家の方がやってきて、こう説明してくれました。

「大和芋は山芋の一種で、この大和芋は粘りがすごくて、まるで自然薯《じねんじょ》みたいだよ。すりおろしてのりで巻いてもおいしいよ」

これを聞いた僕も妻も、**頭の中に自分たちが大和芋をおいしく食べているシーンが思い浮かびました。**もちろん買って帰り、その日の夕食でおいしくいただきました。

この話、伝わる構造と技術が隠されています。

- **相手は大和芋のことをよく知らないようだ**
- **相手が知っていそうなものにたとえて説明したらわかるんじゃないか**

（自然薯にたとえる）**↓伝わる技術**

- **食べ方も紹介して「食べてみたい」というイメージを作ってもらう**

（「のりで巻いたらおいしい」というイメージしやすいものを紹介）**↓見える化**

僕の頭にも妻の頭にも、大和芋が食卓に並ぶイメージが想像できました。これが見える化です。

逆に**頭の中にイメージが浮かばないと、それは伝わっていない可能性が高い**といえます。

話がわかりやすいといわれている人は、実は「見える化の達人」です。

「うまい落語は**景色が見える**」ということを落語好きの人に教えてもらったことがありますが、話がわかりやすい人も景色が見えるように伝えることができるのだと思います。

テレビに出ているグルメレポーターを思い浮かべてみてください。

上手なレポーターと下手なレポーターの差はどこにあるでしょうか？

「このカレー、めっちゃおいしい！」

これだけだとカレーの魅力がわかりません。このカレーのおいしさのポイントはどこにあるのか、ほかのカレーとどう違うのか、見ているほうはカレーのおいしさがイメージしにくいですよね。

一方で上手なレポーターはそのあたりが違います。**カレーのおいしさを「見える化」させています。**

ポイントは、次のように五感を意識しながら伝えているところでしょうか。

●視覚……見た目。形、ボリューム、色など
●味覚……おいしさ。うまみやコク、甘味、塩分、苦味、酸味など
●嗅覚……匂い。香ばしい、甘いなど

●聴覚……音。肉が焼ける音、鍋がグツグツいう音など
●触覚……舌触り。とろける、噛み応えがある、サクサクした触感など

こういった要素を感情と併せて伝えてくれます。すると**「カレーの景色」**が見えてきます。頭の中に「見える化」させるというのは、そういうことです。

伝わる構造5階　聞く力

知り合いですごい営業成績を残している人がいます。

彼にどうしてそんなにうまくいくのかを聞いてみたところ、こんな答えが返ってきました。

「営業の仕事は**『自分たちの商品を売る』**のではなく、**『相手に必**

要な商品を紹介する』ことなんだよね。だから僕は、商品を売り込むことはしない。**相手の話をとにかくよく聞いて、相手にとって自分たちの商品のどこに必要性があるのかを見つけ出す**ようにしている。必要性が見つかればそこをお客さんに伝えるし、もし見つけられないときは、正直にそのことを伝えるようにしてる」

なるほどと思いました。

確かに、相手から売り込まれるのって嫌ですよね。

たとえばフラッと洋服を見にお店に入って、店員さんからあれこれ勧められるとちょっとうんざりします。

一方で、ときどき「この人すごい！」と思う人もいます。

以前、アパレルの店員さんに「そのかばん、今日着ている洋服とすごく合ってますね。どこのですか？」と聞かれたときは、思わずそのまま話し込んでしまいました。店員さんから洋服を一切勧められなかったにもかかわらず、僕は服を買いました。

店員さんが「聞いてくれた」ことで僕の中に**「返報性の原理」と「親近感」**が生まれたからだと思います。

「返報性の原理」は、恩を受けたら返したくなるという「お返しの法則」です。恩を受けるだけだとなんだか気持ち悪い。なので恩を返したくなるわけです。

ビジネス書でよく**「テイクより先にギブをしろ！」**と書かれていますが、これは返報性の原理です。

そもそもお店の店員さんにそんなに「恩を受けた」わけではないんですが、「こんな自分に関心を持ってくれて、話を聞いてくれてありがとう」という感情がわき出たわけです。たったこれだけのことですが、洋服を買いたくなりました。

伝わる構造6階　親近感

「親近感」も、「伝わるか伝わらないか」を左右する重要な要素です。

「親近感」は、正反対の「嫌悪感」を考えるとイメージしやすいです。

（嫌かもしれませんが）**嫌いな人を想像してみてください。**

嫌いな人が話した内容は、素直に入ってこないものです。間違ったことを言っていなかったとしても、どこかにほころびを見つけてそこを突きたくなるし、言われた内容を認めたくない感情も働きます。

一方で、「親近感」があると、体と脳は「相手を受け入れるモード」になり、少しくらい変だと思っても、思わず「イエス！」と言ってしまいませんか？

そのくらい、親近感は判断を左右しています。

そんな親近感には、「わかせ方」があります。

【親近感をわかすコツ】
コツ1　共通点を見つける
コツ2　相手に興味を示す
コツ3　自分のダメをさらけだす
コツ4　笑顔

伝え方というと、「どう話すか」「どう伝えるか」というアウトプットに意識がいきがちですが、聞く力や親近感も「伝わる」の大切な要素です。

思い出してください。

「楽しい！」と思うときって、自分がよくしゃべって、相手がよく聞いてくれたときじゃないですか？

そうなんです。**まず相手の話を聞いて距離を縮め、親近感を生むことで、相手はあなたの言うことを聞いてみよう**と思うようになるわけです。

伝わる構造7階　信頼感

ある有名な経営者がこんなことを言いました。

「たくさんの失敗が、成功を引き寄せます」

これを聞いてどう思いますか？　含蓄があり学びになる言葉だと思いませんか。思わずメモしてしまいそうです。

一方で、あなたの周りにいる、いつも失敗ばかりしている人がこう言ったらどうでしょうか？

「いま僕がしているたくさんの失敗は、将来、成功を引き寄せるはずです」

いつも失敗している人の言葉を聞いて「この人、なに言ってんだ！」と思いませんか？

でも、2人の言葉を文字に起こして比較してみると……。

「たくさんの失敗が、成功を引き寄せます」

「いま僕がしているたくさんの失敗は、将来、成功を引き寄せます」

ほぼ同じ内容です。

違いは2人に対する**「信頼感」**です。

「伝わる」で大切なことのひとつが「信頼感」です。

では、どうやって信頼感を獲得すればいいのか。そんなときは「信頼感の構造」を考えます。「信頼感」はどんな構造でできているのでしょうか。

僕が考える構造はこの7つです。

（自分側）①「誠実さ・素直さ」②「スキル・能力」③「結果・成果」

④「接触頻度」⑤「モラル」

（相手側）⑥「関心」⑦「意義・価値・動機」

あくまでも僕の考えなので、人によって構成する要素は変わると思いますが、僕はこの7つの要素が信頼感を作るものだと考えています。

あとは一つひとつの要素を自分で意識しながら行動していけば、信頼感が生まれるはずです。

すべての要素がないといけないわけではなく、抜けているものがあってもほかの要素が強ければ信頼感が生まれることはあります。あとは相手との関係性です。

「この人が言うなら信頼できる」となれば、伝わる可能性はそれだけで大きく上がります。

たまごが先かニワトリが先かの話にはなりますが、**「信頼感を生むための伝え方」**についてもここで触れておきます。

信頼感を構成する7つの要素は、どれも伝えることで高まるものでもあります。

①「誠実さ・素直さ」は相手に対し、丁寧に、しっかりと対応し、それを伝えていく。相手の話をちゃんと聞くことで届けます。

②「スキル・能力」③「結果・成果」⑦「意義・価値・動機」は、成果や価値をちゃんと伝えないと気づいてもらえない可能性があるので、しっかりと伝わる方法で伝えていきます。

④「接触頻度」は、伝える頻度を上げること。これで信頼感が生まれる可能

性があります。

⑤「モラル」については、折に触れ自分の考えを伝えることで信頼感につながっていくはずです。

⑥「関心」は、相手に対して「あなたに関心があります」ということをしっかりと伝えていくことで、相手もあなたへの関心を高める可能性があります。

次の章では、計16個の伝わる技術を紹介します。日常会話やビジネスシーンで使える会話のコツもあれば、キャッチコピーや文章を考える際に役立つノウハウも取り上げています。関心がある部分から読み進めて、ぜひ自分なりにアレンジして活用ください！

コラム

雑談は「目的」を変えると楽しくなる

雑談が苦手な人は多いと思います。僕も得意ではありませんでした。何を話していいかよくわからないときってありますよね。特にエレベーターの中で二人きりになってしまったときなど、ちょっと気まずい時間が流れます。

打ち合わせの前であれば、雑談をすることで、アイスブレイクをして緊張を和らげる。そのために無理やり雑談をしているケースもあると思います。僕も以前は「このちょっとした緊張感をアイスブレイクしないと」という義務感で、無理やり雑談をしていました。

「今日はどういう経路でこちらに来られたのですか？」

など、当たり障りのないことを雑談ネタとして話していました。

でも、いっこうに雑談の苦手意識が消えませんでした。

なぜなんだろう？

自分なりに考え、そして気づいたんです。

「アイスブレイクをしないといけない」と思うことが、雑談が苦手な原因だったということに。

つまりこういうことです。

アイスブレイクをするのは、その先にある目的を達成するためです。「今日の打ち合わせをうまく進めたい」「交渉相手からイエスを引き出したい」などの目的があり、そのためのアイスブレイクだったのです。目的は打ち合わせや交渉をうまくいくようにすること。雑談もその手段のひとつでした。

だから、緊張したり、うまくいかなかったんだということに気がつきました。

そこで雑談の目的を考え直すことにしました。

いまの僕なりの結論は、雑談はアイスブレイクのためではなく、**「相手と仲良くなるためにするもの」**。自分の中での目的を変えてみたのです。

一期一会。

お互いの人生の時間を、仕事でもほかのことでも共にするのであれば、少しでも仲良くなりたいし、少しでも相手のことを知りたい。

するとどうでしょう。

あんなに苦手だった雑談が苦ではなくなっていったんです。むしろ、雑談の時間が楽しくなってきました。

・イエスを言わせないといけない
・有利な条件を引き出さないといけない
・うまく進めないといけない
そうしたことはもちろん仕事において必要なことです。
ただ、だからこそ、**まずは相手と仲良くなりたいという気持ちがあったほうがいいんじゃないでしょうか。**

雑談の目的を変えたことで、僕は本当に心がラクになりましたし、雑談が苦手という感覚が消えました。

ただし、気をつけないといけないのは、雑談時間が長くなってしまう可能性があること。ついつい話が盛り上がってしまって、本題の時間がなくなることもあるので、そこは注意してください。

それと、そうはいってもすぐには雑談好きになれないという方には、**「マイ雑談ネタ」**を用意しておくことをおすすめします。

たとえば、初対面の人なら「場所」の話。住んでいる場所、オフィスの場所、最近行った場所など、場所に関する質問をすれば、そこから話が広がる可能性が大いにあります。

そこまでよく知らない会社内の人なら「最近の仕事の話」が定番ですね。

そんな感じで決めておけば、「何を話したらいいか」という迷いがなくなります。

第３章

~~伝える技術~~
伝わる技術

伝わる技術①　比較の法則

比較しないと人は魅力がなかなかわからない

ある焼肉屋さんに行ったときに、肉の部位別盛り合わせというメニューがありました。

カルビ、ロース、イチボ、カイノミ、ザブトン、シンシン……。どの部位もおいしかったのですが、盛り合わせを食べ比べることで、それぞれの部位のおいしさの違いがよくわかりました。

脂身のおいしさ、肉の味の深さやうまみの違い、食感の差。単品だけを食べただけではわからない、それぞれの魅力が**食べ比べという「比較」**をすることで、際立ったわけです。

そうなんです。

魅力や価値は比較することで明確になります。「比較」することで違いが見える化し、魅力が浮き彫りになってきます。

ランキングも偏差値もいってしまえば比較です。スーパーなどで「売れてます！」とPOPがついた商品につい手が伸びるのも比較の効果です。

比較は日常でも無意識によく使われています。たとえば、

「前回の企画より良くなってるよ」

「対前年比120％アップです」

などなど。

また、比較はものを見る目も養います。

放送作家や作詞家などさまざまな分野で活躍した永六輔さんは以前、ラジオ番組でこんなことを話していたそうです。

「ある事柄について、一番良いモノと一番ダメなモノを知っていれば、その中間が来た時に、それがどのあたりのレベルのものなのか判断できるようになる」

（『壁を越えられないときに教えてくれる一流の人のすごい考え方』より）。

「ダメなところ」は正直に伝える

この本の巻頭で正直な八百屋さんのことを書きましたが、**比較のひとつに「ダメな部分を伝えることで、良い部分を引き立たせる」という伝え方があります。**

以前、お寿司屋さんで深海魚を勧められたことがあります。

「見た目はいまいちだけど、味は抜群だよ」

大将にそう言われて食べてみたら、確かにおいしい！

「おいしいよ」とただ言われるよりも、ダメなところを教えてもらうことで、より味の良さが引き立ちました。

最近はフードロスが社会問題化しているので、形や見た目が悪いものを捨てずに商品にすることが増えています。

無印良品の「不揃いバウム」、江崎グリコの「ジャイアントカプリコ〈いちご〉ふぞろい品」など、いろいろ出ていますよね。マイナス部分を出すことで、フードロスという社会問題が浮き立ってきます。

この「比較」という方法は、編集の技法として僕もよく活用していますし、簡単にできて使いやすい方法です。

伝わる技術② フリオチの法則

話がつまらない人は「フリ」不足かも

フリとオチは、お笑いの世界でよく聞く言葉です。

フリは、相手に「この先はきっとこうなるんじゃないか」というイメージをさせること。一方オチは、そのイメージを裏切るような意外性や驚きのある結末を用意することです。このフリとオチにより笑いが生まれます。

伝え方でも「フリとオチ」は大切です。

ただ、伝え方における「フリとオチ」はお笑いのものとは少し違います。

伝え方のフリとオチは「振れ幅を大きくして、より価値を見える化する」ための手法です。

うちの子が
東大に入ったの！

この言葉を聞いて、あなたならどんな印象を受けますか？
こんなことを頭の中でイメージするんじゃないでしょうか。

できのいい
お子さんなんだな

でも、こんなフリがあったらどうでしょうか？

こんな話を聞いたらものすごく驚きますよね。

いったいどんな勉強をしたんだろうか。なんでそんなに短期間で成績を伸ばせたんだろうか。興味が一気にわいてきます。

この話には「フリとオチ」が入っています。そのおかげで、話にグッと興味がわいてくるんですね。

うちの子、
高校２年が終わるまでは
本当に成績良くなくて、
偏差値も35！
そこから頑張って塾にも行
かないで、現役で東大に入
ったの！

●フリ　「高校2年が終わるまで成績が良くない」
「偏差値が35」
「塾に行っていない」
●オチ　「現役で東大合格」

フリがあるかないかで伝わる印象が大きく変わります。

この「フリとオチ」をうまく活用して大ヒットしたのが『ビリギャル』こと『学年ビリのギャルが1年で偏差値を40上げて慶應大学に現役合格した話』です。ベストセラーになり、映画もヒットしました。

「学年ビリのギャルが1年で偏差値を40上げた」というフリがあるから「慶應大学に現役合格」というオチが生きてきます。これが「高校時代ずっと成績上位だった優等生が慶應大学に現役合格した話」だと驚きは生まれません。

「フリ」と「オチ」の間に**意外性、驚き、新奇性、憧れがあると、人の関心や興味が生まれます。**

絶対値、振り幅を大きくするというイメージです。

たとえば、ダイエット商品でこんな広告がよくあります。

体重80kgの人がこの商品を使ってダイエットに挑戦し、見事20kg減！

いわゆる**「ビフォー・アフター」**といわれるものです。これもフリとオチの一種。アフターしかないと、何がすごいかがよくわからない。ビフォーがあることでアフターのすごさが伝わってきます。絶対値が大きくなったわけです。

実は、この章のタイトルもフリとオチを使っていることに気づきましたか？

この章のタイトルは「伝える技術　伝わる技術」です。

「伝わる技術」だけだと、読んだ人は「そりゃそうだよね、伝わる技術は大切だよね」くらいの印象しか残らないかもしれません。

でも、「伝える技術」に取り消し線を入れるというフリがあるとどうでしょうか。「あれ、自分には『伝わる技術』があると思っていたけど、本当はただ『伝えている』だけなのかもしれない」そんなことが浮かんでくるかもしれません。

フリを入れることで、オチとしての章タイトルが「自分ゴト」になったり、魅力が増したりすることを考えて、このタイトルにしました。

（ネタ明かしをするのは、ちょっと恥ずかしいですね……）

フリとオチの作り方

では、具体的に「フリとオチ」はどうやって作ればいいのでしょうか。

おすすめは**「引き算」で作る方法と「足し算」で作る方法です。**

引き算で作るとは、『ビリギャル』や「ダイエットのビフォー・アフター」のケースがそれにあたります。現状（アフター）に対して「大きなギャップがあるビフォー」をフリにします。

また、この章のタイトルのようにバツ（取り消し線）をフリに入れることで、マル（○）のオチの価値を強めるという方法も引き算で作る方法のひとつです。

一方で、足し算で作るフリとオチは、こんな感じです。

「おいしい鰻」の例で説明します。

【フリがない状態】

「鹿児島産のおいしい鰻」

鰻の魅力を高めるために「フリ」を入れていきます。

【フリ①】

「炭火で焼いた鹿児島産のおいしい鰻」

↓「炭火で焼いた」がフリになります。

さらに

【フリ②】

「創業以来50年継ぎ足してきた秘伝のたれを使い、炭焼職人が作った備長炭で焼いた鹿児島産のおいしい鰻」

↓「創業以来50年継ぎ足してきた」「秘伝のたれ」「炭焼職人が作った」「備長炭で焼いた」とフリの言葉が4つ入りました。

どうでしょうか？　こんな鰻、食べてみたくないですか。魅力がどんどん高まりますよね。

フリを入れることでオチ（結論）の価値が高まる。これが足し算のフリとオチです。

日常会話だと、たとえばこんなふうに使えます。

「このスニーカー、すごく欲しかったモデルなんです。**お店に買いに行ったらどこも売り切れで、実は10軒以上まわってやっと手に入れたんです。すごい人気なんですよ**」

波線部がすべてフリですね。

「このスニーカー、すごく欲しかったモデルなんです」とだけ言われるよりも、フリが入ることで、スニーカーの魅力がより高まって伝わります。

仕事でもこんな使い方ができます。

「資料を提出します。**実はかなり苦労しまして、試行錯誤しながら10時間かけて作りました**」

どうでしょうか。

ただ「資料を提出します」だけだと伝わらない、一生懸命さが伝わります。受け取った相手も「10時間」と聞くと、その資料をパパッと見るのではなく、丁寧に読んでみようという気持ちがわくんじゃないでしょうか。

フリとオチを使うことは、プロセスを見せることにもつながります。10軒以上まわってまで欲しかったスニーカー、試行錯誤の末に10時間かかって完成した資料、プロセスが見えることで、オチの価値が高まるわけです。

イエスと言いたくなるデートの誘い方

デートを誘うときにもフリとオチは有効です。

【フリがない誘い方】
「すごく評判の洋食屋さんがあるんだけど、今度行かない？」

【フリがある誘い方】
「**最近、洋食はどんなところに行ってる？　へえ、良さそうなお店！　やっぱりいいとこ知ってるね！**　そういえばさ、**そのお気に入りのお店と同じくらい**、すごく評判の店があって行ってみたいと思ってるんだけど、よかったら今度行かない？」

波線の部分がフリです。

フリの質問をして、洋食をお互いの共通の話題にすることで、相手はこの話が自分ゴト化します。そこにさらに評判のお店という提案があると、「イエス」と言いやすくなりますよね。

（もちろん、それでもノーのときもあると思いますが……）

一方で、突然誘うとノーを言われやすくなります。
「相手の頭の中のつじつま合わせ」をしてあげることが、こういったケースでは必要です。

名言にもフリとオチがよく使われます。

高杉晋作の名言「おもしろき　こともなき世を　おもしろく」。この言葉、もしフリがなければこんな感じになってしまいます。

「人生をおもしろく」

これだと名言として残ることはなかったのかもしれません。「おもしろき　こともなき世を」というフリが利いています。

フリがないと、オチの魅力や価値が伝わりにくいわけです。

伝わる技術③　ファクトとメンタルの法則

吉野家の「うまい、やすい、はやい」はファクトとメンタル

「伝える」を考えるときに見落とされがちなのが**「伝えるはこの2つに分かれる」**ということです。

①「ファクト（事象・事実）を伝える」
②「メンタル（感情）を伝える」

この2つがごちゃごちゃになっていることがあります。

たとえば、仕事のメールで「お疲れさまです」が必要か不要かという話。この議論がときどき起きます。

不要論はこうです。

仕事のやりとりなんだからできるだけ効率良く、ムダをなくしてやりとりするほうが生産性が上がる。よって「お疲れさまです」は不要ではないか。

これこそまさに「ファクトを伝えるか」「メンタルを伝えるか」を分けて考えたほうがいい問題です。

確かにファクトを伝えることだけを考えると、「お疲れさまです」は不要な言葉です。

でも、メンタルを伝えるという部分では「お疲れさま」は相手を気遣う言葉になります。メンタル（感情）も伝えたいという人は使えばいいし、そう思わない人は使わない。そういう使い分けをすればいいわけです。

一方で、こんなシーンはどうでしょうか。

なぜちゃんと報告をしなかった？
そのせいでトラブルが大きくなったじゃないか！

上司が部下のミスを怒っているときです。

上司は「二度と同じ失敗をしないように」と部下のことを思って怒っていたとしても、部下にはそう届いているでしょうか？

「なぜちゃんと報告をしなかった？」という問いかけは、ファクトを伝える言葉です。一方で「そのせいでトラブルが大きくなったじゃないか！」はファクトとメンタルの両方を伝える言葉になっています。

部下からすると、メンタルの言葉の印象が強すぎてファクトの言葉を素直に聞くことができないかもしれません。結果、「ただ上司は怒りたいだけ」「マウントをとりたいから怒っている」など冷めた目で見られてしまうことも。

上司はファクトを伝えたいのに、部下はメンタルの言葉でひっかかる。完全にミスマッチです。もったいない！　これでは、伝えたいことが伝わりません。

「ファクトを伝える」と「メンタルを伝える」は、分けて考えましょう。

もうひとつ話を紹介します。

妻（彼女）が夫（彼）にこんな相談をしました。

ねえ、聞いてよ。今日会社でひどいことがあったの。
私のやったことじゃないのに、ミスを私のせいにされたのよ。信じられない。

それに対して夫（彼）はこう答えました。

それはひどいね。
そういうことが起きた原因はお互いのコミュニケーション不足にありそうだね。
今後はコミュニケーションを増やしたらどうだろう？

この夫（彼）の言葉、妻（彼女）にはまったく届かなかったという話です。
これは、夫（彼）が「伝えるにはファクトとメンタルがあり、それを分けて考える」ということに気づいてないから起きたことだと思います。
妻（彼女）が伝えたかったのは「メンタル」の部分。「ひどいのよ」ということに対する共感です。一方で夫（彼）はファクトに対する回答をしたわけです。

どうでしょうか。

似たようなことを、多くの人が経験しているんじゃないでしょうか。ファクトとメンタルを分けることに気づかず、僕もこれまで何度も同じような経験をしています。

人間は言葉があるからここまで繁栄できたといわれていますが、一方で言葉は面倒なものでもありますよね。

コミュニケーションには常に「メンタル（感情）」というやっかいなものがついてまわります。特に日本人は、話の内容と人格を一体化させやすい傾向にあるとよくいわれます。

ディベートがうまくできない、議論がケンカになる……。そうなってしまうと建設的なコミュニケーションをとるのは難しくなります。

伝えるときは「ファクトとメンタルを分けて考え、伝える」。それだけで「伝わる力」が上がるはずです。

ファクトとメンタルをかけあわせて伝える

一方で、「ファクト」と「メンタル」の両方をうまく活用することで伝わる力が上がります。これが**「ファクトとメンタルの法則」**です。

たとえば、吉野家の有名なキャッチコピー「うまい、やすい、はやい」はファクトとメンタルをかけあわせています。

●うまい　↓　メンタル
●やすい、はやい　↓　ファクト

ニトリのキャッチコピーは**「お、ねだん以上。」これはファクトとメンタルを両方のせた秀逸なコピー**だと思います。お得感がある、コスパがいい、という「伝えたいこと」を、「お、」という感嘆詞をつけることでより高めています。

広告のコピーにはファクトとメンタルのかけあわせがよく使われています。

「やめられない、とまらない」これはカルビーのかっぱえびせんのコピーですが、

やめられない　↓　メンタル
とまらない　↓　ファクト

という同じことをメンタルとファクト、両面から伝えた名コピーです。

日清食品のチキンラーメンのコピー「すぐおいしい、すごくおいしい」

これもファクト×メンタルの構造になっています。

「ファクトとメンタルの法則」は日常の会話や文章にも使えます。

たとえば、カラオケに行き、友人の歌に感想を伝えるとき。

「すごい高音が出てたね（ファクト）。声もよく出ていて（ファクト）、メロディー

にのった声が心にグッと迫ってきたよ（メンタル）。すごく良かった！（メンタル）」

ファクトとメンタル、両方を入れてこんなふうにほめられたら、僕なら最高に嬉しいです。

家庭でパートナーが作ってくれた料理をほめるときは、たとえばこんな感じで伝えます。

「味がよくしみ込んでいて（ファクト）、とってもおいしい！（メンタル）」

また、僕たち編集者も、ファクトとメンタルのかけあわせをよく使います。

たとえばこういうかけあわせです。

「論理（データ）」×「感情」

「機能的メリット」×「共感」

「機能を伝える」×「気分を伝える」

「人間は1日に6万回、なにかを考えているという説があるそうです。寝ている時間を除くと、ざっくり1秒に1回は思考していることになります**（すごい！）**。」

これは僕の前著『パン屋ではおにぎりを売れ』からの抜粋ですが、論理（データ）を紹介して、締めで（すごい！）というメンタルの言葉を足しています。（すごい！）はこの文章の中になくても、意味はもちろん伝わります。でも、「この事実を知ってもらいたい！」と思ったので、メンタルの言葉（すごい！）を足しました。（すごい！）があることで、この文章が読んでくれた人の「心に残る強度」が高まるといいなと思ったわけです。

ほかにもこんな箇所があります。

「人間の脳は、自分に都合のいいようにものを見て判断する傾向にあるそうです。嫌いな人、苦手な人のことは、嫌いな部分、苦手な部分ばかり見てしまっている可能性が高いわけです。

どうでしょうか？　あなたの苦手な人、嫌いな人をイメージしてみてください。その人のいいところ、どのくらい思い浮かぶでしょうか？」

最初に脳の「機能」を伝え、次に「共感」（自分ゴトでもありますね）のための質問を入れました。これも、伝えたいことを納得してもらうための手法です。

このようなかけあわせを使った表現で、多くの人の心に伝わる文章を考えています。

伝わる技術④　脳内チューニングの法則

わかりあいたい相手とは「脳内チューニング」を！

「言っていること」と「思っていること」の不一致は、しょっちゅう起きます。

部下「すごく仕事が大変なんです！」
上司「それが成長につながるよ。頑張ろう」

頭のなかでは……

部下「忙しすぎるから言ってるんだけど……」
上司「これくらいで泣きごと言うなんて、甘いよ……」

こうなると、もうお互いに不幸です。もちろん価値観や大切にしているものは人それぞれ。なので、完全に同じになることはありません。

でも、**コミュニケーションの不一致を改善することは可能です。**

その方法が**「脳内チューニング」**です。

脳内チューニングとは、お互いの脳の中にあるゴールとイメージを共有する作業のこと。

やり方のポイントは3つです。

ポイント① 相手とのゴールを共有する。
ポイント② 「質問」でチューニングする。
ポイント③ お互いの頭の中を見える化させながら進めていく。

脳内チューニングをするときの最初のポイントは、**相手とのゴールを共有すること**です。

このゴールの共有がないままだと、いつまでたっても「伝わる」「理解しあう」に行きつきません。

2つめのポイントは「質問」です。楽器のチューニングは音を鳴らしながら行いますが、コミュニケーションのチューニングは「質問」で行っていきます。目的は**相手の「脳の中のイメージ」を探ること**です。

知り合いの美容師さんから聞いた話があります。

髪を切るときに気をつけないといけないことがあるそうです。それは、「お客さんが持っているイメージと自分が思っているイメージが違う」ということを認識すること。

たとえば、「10センチくらい切ってください」とお客さんに頼まれたとしても、そこで1回考えるそうです。

髪質やうなじの位置など、人それぞれで、お客さん自身も自分の特徴をわかっていない人も多い。そこでお互いのイメージの確認を行っているそうです。これこそ脳内チューニングです。

雑誌の髪型カタログを見せたり、お客さんの髪の特徴を伝えたりして、お客さんが持つイメージを質問しながら見える化していく。美容師さんは数多くのデータを持っているので、過去の失敗事例なども伝えながら、お互いの脳内でできるだけ近いイメージになるように調整していくわけです。

言葉だけでは伝わりにくいときは図や写真などのビジュアルも使いながらイメージを合わせていく。

脳内チューニングのポイントのひとつです。

では、116ページで例を出した「仕事が大変」ということを脳内チューニングするにはどうしたらいいでしょうか。

この場合、2人の価値観のずれがベースにあると思いますし、立場の違いも影響しています。なので、考えを完全に一致させるのは難しいですが、**お互いが「なぜそう思うのか」の理由を知ることはできるはずです。**

上司としては、部下に成長してほしいと思っている。成長のためにはいまの自分を超える努力が必要だ。だからいまぐらいの大変さは乗り越えてほしい。そんなことを思っているはずです。

一方で部下は、忙しいばかりで目の前の仕事をこなすのに手いっぱい。成長なんていっていられないくらい大変だ。もちろん成長はしたいけど、まずは仕事がもっと効率化できるように上司に調整してほしい。そんなことを思っているかもしれません。

2人の脳内をチューニングすると、

●2人とも「成長」に関しては同じ思い。
●上司の「努力で解決してほしい」に対して、部下には「上司に仕事の調整をしてほしい」という思いがある。

であれば、この部分をお互いに共有していけばいいのです。

お互いに質問をしていき、どの部分に努力がいるか、どの部分に仕事の調整がいるかを見える化させることで、解決への道筋が見えてくるはずです。

脳内チューニングをしないまま、お互いに不満やストレスを抱えていてはもったいない。積極的な脳内チューニングが、より良い成果につながります。

ちなみに、質問をするときに注意したいのはこんなことです。

- ●相手を追い詰める質問　↓×
- ●二者択一の質問　↓×
- ●自分の意見に誘導する質問　↓×
- ●相手の意見を聞きながらの質問　↓○
- ●相手に興味を持って質問をする　↓○

脳内チューニングでは**ホワイトボードやノートを使うことをおすすめします。見える化できて、ゴールを共有しやすくなるから**です。

ついついホワイトボードを使わずに対面で話を始めてしまうケースは気をつけたいですね。

これだとお互いの頭の中が見える化しにくく、チューニングがうまくいかないことも。コミュニケーションがうまくいかないだけでなく、不満が増えてしまう可能性もあります。できるだけ見える化させながら脳内チューニングをしていくことをおすすめします。

伝わる技術⑤　言いかえの法則

「言いかえ」でマイナスをプラスに変える

「年をとることは老化ではなく進化」

これはあるインタビューで聞いた有名女優さんの言葉です。（一字一句そのままではないですが、こういう趣旨のことをおっしゃっていました）

この言葉に出合ったとき、年をとることへの不安が期待に変わりました。

それ以降、僕も自分の老化を感じたときは「進化だ！」と思うようにしています。以前はできるだけ若く見られたいという思いが強かったんですが、最近は自分の年齢を堂々と言えるようになりました。

ほかにも数多くの言葉にこれまで助けられ、支えられてきました。

言葉の力ってすごいですね。一見同じようなことでも、**どういう言葉をのせるかで伝わる価値はまったく変わってきます。**

どうせなら、自分にとっても、相手にとっても、ポジティブに伝わったほうがいい。背中を押してくれたり、嫌な感情を薄めてくれたり。そんなときに力を発揮するのが「言いかえ」です。

言いかえは「伝える価値を変換する」「伝える価値をずらす」ときに使う方法です。

さらに、**自分を楽しくさせてくれる方法**でもあります。

たとえば、雨が降っていて嫌だなと思ったときは「雨の日は天然加湿器で肌ケアの日」と言いかえてみると、雨で得をした気分になります。

僕は**「つまらない」を「工夫不足」**と言いかえています。そうすると、たとえば気乗りしない会議があったとしても工夫が足りないんだと思えて、その会議を自分なりに有意義なものにするための工夫をするようになります。

言葉の力は絶大です。だから、マイナスやネガティブなことはできるだけプラスに、ポジティブに言いかえて使うことで、心の調整もでき、行動を変えるきっかけにもなるのです。

言いかえは、なかなか相手が納得しないときや、そのままストレートに伝えるときつく聞こえてしまうときにも力を発揮します。

「きつく言いすぎてしまった」と後悔したことがある人は多いんじゃないでしょうか。僕もあります。熱が入ってしまうと、つい強い表現になってしまうことがあり、何度も反省しています。

言いかえをしたほうがいい言葉は、たとえば**「極端語」**です。

これは「いつも」「全部」「ちっとも」など、否定をするときに使うことで、否定を強烈に後押しする言葉になります。

「どうして、**いつも**遅刻するの？」

「**いったい**何度言ったらわかるんだ！」

これが極端語です。

この場合は、「いつも」「いったい」という言葉を使わず、別の言葉に言いかえます。

「どうして、遅刻するの？」

「何度も言っているのでわかってほしい」

極端語の詳細は『会話の9割は「言いかえ力」でうまくいく』という本に掲載されています。「極端語」以外にも「悪意の比喩」「断定語を使う」「質問形式で責める」など、言いかえしたほうがいいシーンでの方法が解説されています。

こんな場面でも言いかえは使える!

たとえば、こんなときも言いかえが使えます。

Aさん「あー、なんで失敗してしまったんだ……」
Bさん「**失敗は『課題発見』と言いかえてみたらどう?** 失敗には気づきや学びもたくさんあるから、失敗を課題発見に置きかえて、次を考えていけばいいんじゃないかな」

失敗 ↓ 課題発見

失敗を後悔の対象にするのではなく、未来の糧にする。そういう言いかえができれば、自分の成長につなげることができます。

言葉を変えることは、思考を変えることにもつながります。
思考が変われば、行動も変わります。
行動が変われば未来が変わる。
言いかえはその第一歩でもあるのです。

言いかえは自分に対しても使えます。
言いかえることで「モチベーションが上がる」「価値が再発見できる」など利点はさまざまです。

たとえば、マネジメントを仕事にしているリーダーの人たちと話をしていると、よくこんな話を耳にします。

「仕事のトラブルが多い部下に手がかかる」
「やらないといけないことをすぐ忘れてしまう部下がいる」

こうした不満の根っこにあるのは「マネジメント=管理&成果につなげる」という考えがベースにあるからではないでしょうか。でも、できる部下もできない部下もいるはず。**できない部下のマネジメントは「成果」ではなく「長期投資」と言いかえてみたらどうでしょうか。**すぐに成果が出ないかもしれないけど、将来の大きな成果につなげる。こう言いかえて考えを変換させる。それだけでストレスも軽減されるはずです。

僕も言いかえをよく使っています。

たとえば不安なことがあれば、自分に向けて**「不安ではなく修行」**と心で伝え、不安の感じ方を小さくする。失敗やミスがあれば、先ほど説明したように「課題発見」と言いかえ、解決のヒントをもらったと思う。そうするとストレスが減り、ミスや失敗したことよりもどう課題を解決するかに意識が行き、結果的に自分の成長に結びつけることができます。

言いかえは、ビジネスの世界でもよく使われています。

たとえば、形が悪い野菜を**「訳あり野菜」**と名づけたり、湖池屋が大豆たんぱく質を使った唐揚げを**「罪なきからあげ」**と命名しヒットさせたケースなどは、すべて言いかえですよね。

言いかえで価値が高まり、より魅力的な商品やサービスになるのです。

次ページの表は、僕なりの言いかえワードです。ぜひ、あなた自身の言いかえ表も作ってみてください。

柿内流・自分に伝える「言いかえワード」

元のワード（BEFORE）	言いかえワード（AFTER）
成長	脱皮
失敗・ミス	課題発見・気づき
悪口・愚痴	課題・気づき
面倒くさい	バージョンアップ
自己肯定感が低い・自信がない	超謙虚
やる気が出ない	休みどき・作業時間
嫌い	多様性・別の視点
執着	こだわり
不安・心配事	修行
老化	進化
嫌なこと	チャンス
同調圧力	弱い衆の声
疲労・疲れた	頑張りました
怒り	ロック（音楽）
マネジメント	長期投資
会議・打ち合わせ	試合
嫉妬	エゴチェック
成果	ゴ――ル！
仮説	未来設計
バカ・アホ	ざんねんさん
売上	幸せの数値化
ダイエット	節約タイム
雨の日	肌ケア・天然加湿器
暑い日	天然デトックス
お腹すいた	内臓休息
妥協	ウィンウィン
緊張	挑戦
責任	信頼
交渉	三方よし
我慢	ゲーム
イライラ	甘いものタイム・深呼吸タイム
最低の日	底・もう上がるしかない
つまらない	工夫不足
弱い	やさしさ
おもしろい	パンク（音楽）

伝わる技術⑥　たとえの法則

「たとえる」は伝わる技術のホームラン王

「○○界のユニクロ」
「○○界のスターバックス」

そういわれると、初めて聞く会社名であっても、どんな会社かイメージしやすくなります。

身近なものにたとえる。これも伝わる技術のひとつです。

たとえることで「イメージが見える化する」「自分ゴト化する」という効果があります。

「コンピュータは、知性の自転車」

これはスティーブ・ジョブズの言葉です。

「知性の自転車」なんて、かっこいいたとえです。


僕の前著『パン屋ではおにぎりを売れ』ではこの「たとえる」を相当数活用しました。1冊の中に「たとえば」という言葉が全部で57箇所あったくらいです。


一例を紹介します。

「新しいアイデアは、自分の脳の外に出て、思いもよらなかったものを出会わせることで生まれます。

たとえば、大ヒットした『うんこ漢字ドリル』。『うんこ』と『漢字ドリル』の出会いをつくったことは本当にすばらしい発想です」


抽象的な話をしたあとに、具体的な「たとえ」を入れることで、抽象的な話の意味が伝わりやすくなります。

これが「たとえる」の使い方です。相手が頭の中で見える化できるよう手助けしてくれます。

ではどんなものを「たとえ」に使えばいいでしょうか。

ポイントは、**伝えたい相手が「理解しやすいもの」を選ぶこと。**

相手が一人ならその人が理解しやすいものを、相手が複数ならみんなが理解しやすいものを選びます。

たとえば、相手がサッカー好きだとしたら、こんな感じです。

先輩がサッカー好きの後輩に伝える場面です。

「神は細部に宿るというけど、仕事でもディテールにこだわることが大切。サッカーでいえば球際だよね。球際で負けてそこから失点なんてシーンがサッカーではよくあるけど、仕事でも細部に手を抜いて球際で負けてしまうと、成果が出ないことがよくある」

この話、サッカーに興味がない人が聞いてもいまいちピンと来ないかもしれません。でも、サッカーが好きな人にはかなりイメージしやすい「たとえ」かと思います。僕自身がサッカー好きなので、「球際＝細部」という表現で言われるととても納得できます。

一方で、**複数の相手に伝えるシーンでは、サッカーなど好みが分かれるたとえではなく、誰にでも共通して理解しやすいものにたとえます。**

食べ物やレストランの話だったり、話題になっているニュースを使うと、伝わりやすいと思います。

たとえばこんな感じです。

「神は細部に宿るというけど、仕事でもディテールにこだわることが大切。レストランでも料理はおいしいのに、グラスに指紋がついていたり、サービスが悪くて不愉快な思いをするなんてこともあるよね。おいしいからいいというわけではなく、お客さんが喜んでくれるよう細部まで手を抜かずにやりきることが大切で、仕事もレストランと同じように細部に手を抜いてしまうと、成果が出ないことがよくある」

このように、**たとえ方を相手に合わせて変える**わけです。

「たとえる」の注意点

たとえるときの注意点をひとつ。

大げさなたとえは逆効果です。

先日、ある本を読んでいたときのこと。

仕事で逆境をはねのけ成功をおさめた話だったのですが、逆境の場面で、職場が最初は敵ばかりでそこに乗り込んでいくことを「戦場に武器をもたずに降り立つ心境」というたとえをしていました。

これを読んで僕が感じたのは、「戦場に武器をもたずに降り立つ」ということがどれほどのものか、想像して表現しているのだろうかという違和感でした。

大変な困難が待ち受けていることを伝えたかったんだと思いますが、戦場に武器を持たないというのは言い過ぎではと感じ、それ以降の文章がちょっと大げさに思えてしまいました。

大げさすぎるたとえは、かえって伝わりにくくなることがあります。

伝わる技術⑦　ネーミングの法則

「名前をつける」とスペシャルなものに

伝わるとは頭の中に見える化させること。

このことはここまで繰り返し伝えてきました。

見える化のための方法のひとつに「ネーミング」があります。名前をつけるということです。

そもそもなぜ名前をつける必要があるのでしょうか。

それは、名前があることで、そのものを**「より認識できるようになる」**からです。自分たちの周りにある膨大な情報を整理するために、名前を使うわけです。名前があることで、初めて認識できたり、ほかのものとの違いが明確になったりします。

名前をつけることで愛着がわくこともありますよね。

マンガ『銀の匙 Silver Spoon』の中にこんなシーンがありました。

このマンガは農業高校に通う生徒たちの物語ですが、この中で自分たちが飼育する豚に名前をつけてしまうシーンがあります。養豚ですから、最後は豚肉になる豚に名前をつけることで、特別な感情がわいてしまい、そのことで悩みや苦しみが生まれるという話です。

名前をつけると特別なものになるわけです。

ネーミングひとつで魅力が大きくアップ

名前をつけることは「伝わる技術」のひとつです。ネーミングでより魅力的になったり、目的が明確になったりとさまざまな効果があります。

たとえば、友人と沖縄旅行に行こうと思ったとき。

上と下、どちらが魅力的な旅に思えるでしょうか。

ちょっとした違いですが、沖縄『地グルメ』旅行は旅の目的も明確になり、より楽しそうなイメージが伝わってきます。

では、こちらはどうでしょうか。

定例でやっている会社の企画会議。

下のほうが、会議がおもしろそうで、すごい企画が出てきそうな雰囲気があります。

ネーミングはさまざまなシーンで活用できます。

たとえば、子どもの勉強の予定を立てるとき。勉強をもっと楽しんでもらいたければ、予定表には「算数」「漢字」と書くのではなく、「苦手な算数攻略大作戦」や「漢字を30個覚えてお菓子を食べようタイム」など予定表に書き込むスケジュールの名前を変えてみる。そんな工夫で、対象のとらえ方が変わってきます。

手帳にはネーミングした予定を書くと、その時間の価値が高まります。

「Aさんと打ち合わせ」ではなく「Aさんと未来の業界について語り合う会」とか、「Bさんと会食」ではなく「Bさんとおいしいものを食べて仲良くなる会」のような感じです。そんな予定が毎日入っていたら楽しくなりますよね。

また、より見える化するためのネーミングを**「見える化ネーミング」**と名づけています。この本で紹介する伝わる技術に名前をつけているのも、この効果を考えているからです。

住宅メーカーの大和ハウス工業が提案した**「名もなき家事」**。これも「見える化ネーミング」がうまくいったケースです。

名もなき家事というのは、名前がついていないようなこまごまとした家事のこと。実はこういう家事にすごく時間をとられている実態があることを見える化させたネーミングです。

ちなみに、名もなき家事ランキングトップ3はこれだそうです。

1位　裏返しに脱いだ衣類・丸まったままの靴下をひっくり返す作業
2位　玄関で脱ぎっぱなしの靴の片づけ・下駄箱へ入れる／靴を揃える
3位　トイレットペーパーの補充・交換
（ベネッセコーポレーション　口コミサンキュ！「名もなき家事」投稿募集サイトより）

「名もなき家事」は、多くの人が感じていた「家事の困りごと」を見える化したとてもいいネーミングです。

僕がすごいと思ったネーミングのひとつに**「ご当地グルメ」**があります。

いまや当たり前のように使われている言葉ですが、この言葉ができたことで、地域振興にもつながるさまざまな「ご当地グルメ」が生まれたのではないでしょうか。

ご当地グルメは、古くからある「郷土料理」とは違い、その地域に根付いた料理でなくていいそうです。伝統にこだわらず開発され定着していった料理も多く、ご当地ラーメン、ご当地焼きそばなど細分化され、いまや数えきれないほどの料理が生まれています。

これも**ネーミングされたことによって、より広がっていったケース**ではないでしょうか。

ここでひとつネーミングに関するクイズです。

お茶ブランドとして確固たる人気を誇る伊藤園の「お～いお茶」。

このお茶、もともとは違う名前だったそうです。

どんな名前だったでしょうか？

答え
「缶入り煎茶」

かなりストレートな名前だったんですね。

1970年代の伊藤園のテレビCMで「お～いお茶」という呼びかけのセリフがあり、そこから採用し、1985年に発売した「缶入り煎茶」というお茶を4年後に「お～いお茶」に変更したそうです。

改名によって売上が6倍ほど伸びたそうで、いまでも愛されるブランドに育っていったそうです。

「缶入り煎茶」は確かに商品の説明として正確です。でも、魅力的な商品に見えるかというとどうでしょう。「缶入り煎茶」という名前のままだったら、いまも残るブランドにはなっていなかったんじゃないでしょうか。名前を変えてうまくいった「伝え方上手」な事例です。

ネーミングの法則

以前、『史上もっとも簡単なトッピング英語術』という本を作ったことがあります。内容には自信があり、読んでもらえたら英語の上達に役立つはず！　そう思って作った本でした。

でも、**売れませんでした。惨敗でした。**

それから数年後、タイトルを変えて文庫サイズで出し直すことになりました。新しいタイトルは『英会話の9割は中学英語で通用する』。もともとのこの本のコンセプトをそのまま言葉にしたものです。

そうしたら、**今度は20万部のベストセラーに！**

変えたのは本のタイトルとデザイン、サイズと価格です。内容はまったく変更していないのですが、売れなかった本がベストセラーに生まれ変わりました。ネーミングの違いで、届き方が大きく変わることを実感しました。

では、名前はどうやってつければいいのでしょうか。

商品やサービスのネーミングはなかなか難しく、簡単にできる方法はありませんが（あったら僕も教えてほしい！）、考える上で参考になる法則はあります。

僕が考える**ネーミングの法則**はこれです。

その1　伝えたい相手の「自分ゴト」になるように
その2　「新しい発見、気づき」と「共感」を入れる
その3　「キーワード」を入れる
その4　意味がわかりやすく伝わりやすい
その5　テンポ&リズムがいい

その6　コンパクト
その7　少しベタ
その8　流行りの言葉などとかけあわせる
その9　魅力をまとめてみる
その10　たとえる
その11　頭文字などを使って造語にする（GAFAみたいに）

一方で、旅行のネーミング、会議のネーミングなど、日常の中でネーミングを活用する場合は、難しく考えず「楽しめる」「モチベーションが上がる」ような名前をつけてみることをおすすめします。

伝わる技術⑧　間の法則

「間」をとり、考える時間を作る

心理学者のジョージ・ミラーは、瞬間的に人間が覚えられる記憶の容量は平均7つという発見をしました。7つというのは、「意味を持った情報の塊」を7つということです。その後、他の心理学者によって7つではなく平均4つという発表もされています。いずれにせよ、人間は物事をあまり覚えられない生き物です。

「伝わる」は受け手側の「覚えて、考えて、理解する」という流れが必要です。特に文章と違い、会話ではどんどん先に進んでいってしまうので、この流れがスムーズにいかないと、伝わらない状態のまま会話が続いていくことになります。

そこで大切になるのが「間」です。

「間」には、相手が覚える、考える、理解する時間を作る役割があります。

「間」のない早口は伝わりづらいということです。プロの話し手は話がスピーディーでも、適度に「間」を作っています。

緊張したり、熱が入りすぎると早口になる人は、特に気にしてみてください。

僕自身もそうなりがちなので、気をつけています。

「間」の大切さを実感できるのが、怪談です。

怪談では「間」が本当に重要で、「間」で「怖さ」を演出しています。

思い浮かべてみてください。「間」がない怪談を……早口怪談です。怖くないですよね？　聞き手が怖さを想像する余裕がないまま話が進んでいってしまいます。つまり怖さが伝わっていないということです。

怪談だけでなく、うまい落語家やお笑い芸人は「間」のとり方が絶妙です。

「間」は会話のリズムを生むなど、ほかにも役割があります。「間」を意識して、会話をより伝わりやすいものに昇華させてください。

一方で、YouTubeなどの動画では、できるだけ「間」を詰めたスピーディーな動画が目立ちます。これは見る人を飽きさせないための策ですが、動画の場合は、もしわからなければ戻って見返すことができるという利点があります。

伝わる技術⑨　数字の法則

「数字」は頭の中をくっきりハッキリさせてくれる

深い気づきをくれた本の帯コピーがあります。タイトルは『親が死ぬまでにしたい55のこと』。帯にはこう書いてありました。

「仮に親が現在60歳とすると…　20年（親の残された寿命）×6日間（1年間に会う日数）×11時間（1日で一緒にいる時間）＝1320時間

つまり、あなたが親と一緒に過ごせる日数は、あと55日間しかないのです！」

具体的な数字を出して計算することで、「親と過ごす時間が実はそんなにない」という驚きの事実を見える化したコピーです。

「親と過ごせる時間は意外に少ない」と言われるよりも、数字を使って具体的に提示してくれたほうが、ハッキリと伝わります。

数字も「伝わる技術」のひとつです。

1 あなたは多くの人の中から選ばれました。
2 あなたは1000人の中から選ばれました。

1 この牛肉は、とても希少な牛肉です。
2 この牛肉は、年間100頭分しか出回らない牛肉です。

1 この話のポイントはいくつかあります。
2 この話のポイントは3つあります。

1と2の文を比較すると、**数字を使って説明している2の文章のほうが「スペシャル感」が出てないでしょうか。**

たくさんの人から選ばれたというよりも1000人の中から選ばれたほうが「すごい！」というイメージがわきます。

希少な牛肉と言われるより、年間100頭しか出回らない牛肉と言われるほうが「レア度」が高まります。

スペシャル感が出て、記憶にも残りやすい。さらに、数字が入ることで漠然としたものの解像度が上がり、イメージがつかめます。

「伝わるとは相手の頭の中に見える化させること」です。数字を用いることで見える化しやすくなる効果があります。

まとめると、数字を使うメリットは……

●**解像度が上がる！**
●**ポイントがわかる！**
●**スペシャル感が出る！**

ちなみに本のタイトルには数字がよく使われています。

『人は話し方が9割』

『はじめての人のための3000円投資生活』

『フランス人は10着しか服を持たない』

どれもベストセラーになった本ですが、数字が入ることで「言葉の強度」が高まっていますし、伝えたいことがハッキリします。


より効果的に数字を使う方法があります。それは、**伝える相手が想像し**

やすい数字を使うということです。

本のタイトルにある「9割」「3000円」「10着」はどれもイメージしやすい数字です。

たとえば、この文からどんなイメージができますか？

畑の広さは10haです。

もし伝える相手が農家の人であれば、これでイメージできると思います。でも、たいていの人は10haの広さはイメージしにくいでしょう。

そんなときはこういう数字のほうが伝わります。

畑の広さは東京ドーム約2個分です。

こっちはどうでしょうか。

1　今日1日を、一生懸命生きる。
2　今日24時間を、一生懸命生きる。
3　今日1440分を、一生懸命生きる。

印象がかなり変わりますね。

1日ならば「今日という日」にスポットがあたります。一方で24時間は、「1時間単位を大切にする」という印象が強まります。1440分になるとちょっとイメージしにくくなりますよね。

繰り返しますが、ポイントは伝えたい相手がイメージしやすい数字を使うことです。

伝わる技術⑩　読点の法則

「、」（読点）は伝わる強度を上げる

松任谷由実さんの名曲、『春よ、来い』。

このタイトルに「、」（読点）がついていることで、春が来てほしいという思いがより強く伝わってきます。

「春よ、来い」
「春よ来い」

比べてみると、その差がよくわかります。

「、」が入るだけで思いを強く感じます。

競馬をやっている人なら「3番来い」より「3番、来い」がリアルな感情ですよね。

広告のコピーを1冊に集めた『人生を教えてくれた 傑作！ 広告コピー516』という本があります。言葉の感覚を勉強するために、この本をときどきパラパラめくるのですが、あるとき発見をしました。

広告の名コピーといわれるものには「、」（読点）が効果的に使われていることが非常に多い。

たとえばこんな感じです。

●**今日から、きれいに、なればいい。**（コピーライター・山本尚子 クライアント・セゾングループ／セゾンカード 1988年）

●**不思議、大好き。**（コピーライター・糸井重里 クライアント・西武百貨店

1982年)

●今日は、明日の思い出です。（コピーライター・栗田廣　クライアント・ソニー／ハンディカム　1992年）

●スローフードに、帰ろう。（コピーライター・秋元敦、矢部薫　クライアント・カゴメ／アンナマンマ　2000年）

●借地、だが、故郷。（コピーライター・石川英嗣　クライアント・旭化成工業／リレーション　1997年）

どうでしょうか。「、」が効果的に使われている「伝わってくる言葉」ではないでしょうか。

書き言葉ではなく、話をするときであれば、読点の前で一度区切って、読点部分を「間」として話すイメージです（「間」の話は150ページに書いたとおりです）。

体言止めでインパクトを出す

伝わり方の強度を上げる方法はほかにもあります。

体言止めもそのひとつです。

人気ウェブメディアでは記事のタイトルによく体言止めを使っています。

編集部の方になぜ体言止めを使うのか聞いたことがあるのですが、**体言止めが「気になる」を生み出すから**と教えてくれました。

たとえば、こんなタイトル。

「仕事のミスが多い人がやっている5大悪習慣」

このタイトルは、僕が勝手に考えたものですが、「5大悪習慣」という体言止めで伝え方の強度を上げました。

もしこのタイトルがこうだったらどうでしょうか。

「仕事のミスが多い人はこの5つの悪習慣をやっている」

伝えている内容は同じですが、伝わり方の強度はかなり違います。

言葉の強度を上げるときに使える方法がもうひとつあります。**「」(かぎかっこ)**です。これが入ることでその言葉は圧倒的に強調されますし、視覚的にも見やすくなります。

伝わる技術⑪　外部力の法則

自分の言葉に自信がないときは「外部力」を借りる

人の力を借りるのはかっこ悪いと思っていませんか?

そんなことはありません。他人の力を借りることは「伝わる技術」のひとつで、僕はこれを「外部力」と呼んでいます。

電車の中でのことです。僕の隣に小さな子どもと母親が座っていました。子どもは靴を脱がずに窓側を向いて座っています。靴が座席にあたっていました。すると、お母さんが一言。

「隣のおじさんに怒られるから、靴を脱ぎなさい」

え、僕のせいにするわけ？　そのときはちょっとイラッとしました。
もしかするとみなさんも同じような経験をしたことがあるかもしれません。

でも、あとで考えると、この叱り方は実は**「外部力」を使っていた**ことに気づきました。

子どもはお母さんに対して甘えがありますよね。お母さんがいくら叱っても聞く耳を持たないこともあるでしょう。一方で、知らないおじさんはなんとなく怖いものです。なので、その怖さを活用して伝えるほうが効き目がある可能性があります。

子どもにストレートに伝えても理解できないときは、外部力を利用するのが効果的です。

昔から「鬼が来るよ」「おばけが来るよ」と叱ったりするのは、そういう力を利用するしつけ方なんですね。

出版の世界には、外部力を活用して伝える方法として「帯の推薦」があります。有名人などに本の推薦をしてもらうもので、第三者の力を借りて、本の魅力を伝えたり、信頼感を高めたりします。

このように第三者の力を活用することが「外部力」です。

伝えたいことを信頼してもらう方法として、伝え上手な人は外

部力を意識的に使っています。

「プロがおすすめ」「〇〇賞受賞」「テレビで紹介」などもそうです。

たとえば人にお酒やパンを勧める場合。

「すごくおいしいお酒です」

「**コンクールで金賞を受賞した**、すごくおいしいお酒です」

「このパン、すごくおいしいですよ」

「このパン、**テレビで取り上げられていた有名パン屋さんのパンで**、すごくおいしいですよ」

どちらも後者のほうがより魅力的に伝わります。

外部力 VS 外部力

ある会社の部長さんにこんな相談をされました。

「部下がなかなか僕の言うことを聞いてくれないんです。最近はSNSなんかで有名な方がいろいろ発言していて、『好きなことだけやるべきだ』とか、『ムダなことは捨てろ』とか、そういう言葉に部下が影響を受けていて、僕の言うことにはあまり耳を傾けてくれないんです。ムダなことでもやらないといけないこともあるのに……」

こういう悩みを抱えているマネジメント層がいま多いそうです。好きなことだけやるべきか、ムダなことは捨てるべきかはここでは置いておきますが、これは「外部力」が逆に働いている状態ともいえます。

そんなときは、**「ほかの外部力」を活用して伝える**のはどうでしょうか。

「そう言うけど、知ってる？　経営の神様といわれる○○はまったく逆のことを言っているし、いま注目されている○○もこういうことを言ってるよ。だから好きじゃない仕事でも、一見ムダに思える仕事でも、まずはやったほうがいいんじゃないかな」。このように、自分の考えをサポートしてくれる外部力を使います。

「外部力」を使うときには注意も必要です。使い方を間違えるとあなた自身の信頼度を落とすことにもつながるからです。

間違えた使い方とは、**自分の考えなく、ただ「外部力」を使うこと。**

たとえば、上司から言われたことをそのまま相手に伝え、「上司がこう言っているもので」など自分の考えではなく、人に言われたからというトーンの人。こういう言い方をすると「自分の考えがない人」と見られてしまい、相手からの信頼を得にくくなります。外部力は、自分の考えを伝えるためのもの。そこを外さないように活用してください。

伝わる技術⑫　相手メリットの法則

「相手メリット」でイエスを引き出す

「僕は誘ったデートはほぼ断られない」

これはモテる友人が以前言っていた言葉です。

なぜ断られないのか、詳しく聞いたことがあります。

「それは、**相手にとってメリットがあるように誘うから**」

そんな簡単なことで？　と思いましたが、これで断られないそうなんです。

「たとえば、相手が野球好きで、広島カープの大ファンだったら、『カープの試合見てみたいんだけど連れて行ってほしい』とお願いをする。自分の好きなチームに興味を持ってもらうことがファンにとっては嬉しいことだと思うし、僕も相手に合わせて提案すると、自分では選択しない新しい経験がいろいろできるから楽しいんだよね」

なるほど。「相手メリット」で誘っているんですね。当時の自分を振り返ると、それができていませんでした。人に伝えるときに、「自分メリット」で伝えていました。

65ページで「相手ベース」について解説しましたが、その考えを技術・法則に落とし込んだものが「相手メリット」です。

相手のことを考えるだけでなく、もう一歩踏み込んで、相手が「得した！」「よかった！」「嬉しい！」と思えるように伝えていくことが「相手メリット」。

レストランで注文した料理がなかなか出てこなかったことがありました。

そのとき、ホールスタッフの人が僕にこう言ったんです。

「すみません、いまおいしい料理を一生懸命作っておりますので、

もう少しお待ちください」

なんだか嬉しくなりました。

時間はかかっているけど、ホールスタッフの人の言葉には信頼感がありました。料理への期待感が高まります。

これがもし、「いま混んでいるので、すみませんもう少しお待ちください」と言われたらちょっと残念です。

マイナスの状況でも「相手メリット」で伝えることで、マイナスをプラスに変えることができます。

ただ、この相手メリットをはき違えて使っている人がときどきいます。

たとえばこんなケースです。

ある保険会社の営業の人が僕のところにセールスに来たときのこと。

「この保険、柿内さんにとって本当に意味があると思います。病気になったらここまで保障されるんです。三大疾病になる人って、日本人の〇%いますから柿内さんもなる可能性はあるわけです。……」

これ全部、相手メリットの会話です。ただ、聞いていて、この人は僕のことを本当に考えて話しているのではなく、ただ保険を売りたいから話していることが丸見えでした。

その差はどこか。それは**「相手への興味、関心」「相手のことを本気で考えること」**なんだと思います。デートを断られない友人はもちろん相手に興味があります。でもこの保険の営業の人は僕には興味がなく、ただ商品を売りたかった。こういうことは相手に伝わるものです。

「相手メリット」で断る方法

相手メリットを考えず、相手をイラっとさせてしまう断り方があります。

会社内で急ぎの仕事を先輩から頼まれたとき。

先輩　「この仕事、急ぎなんだけどやってもらえる?」
後輩　「いま忙しいのでできません」

ストレートにこう伝えてしまうと、先輩はイラッとするかもしれません。
同じことを伝えるにしても、こう伝えると相手の反応は変わるはずです。

先輩　「この仕事、急ぎなんだけどやってもらえる?」
後輩　「**いま進めているAプロジェクトの成果を出すために、いまはそこに注力しています。**ですので、いますぐは難しいんですが、それが終われば大丈夫です」

Aプロジェクトは先輩も成功させたい仕事です。こう伝えられると、先輩はその後輩にいますぐ頼むのは難しいということに気がつきます。
そのまま伝えるのではなく、相手メリットに変換して伝える。さまざまなシーンで使える方法です。

では、どうやって相手メリットに変換すればいいでしょうか。

① 自分の頭に浮かんだ言葉をそのまま伝えない。

② 相手の頭の中の「状態」を想像する。その「状態」にとって「メリット」「デメリット」は何かを考える。

たとえば、先ほど紹介した先輩からの仕事のオーダーの場合。後輩は先輩の頭の状態を想像します。

「この仕事を断ると嫌な顔をするんだろうな」

「でもいまはかなり忙しいので受けるのは難しい。なぜ忙しいかといえば、先輩も自分も成功させたいAプロジェクトでパンパンだから」

「先輩にとってもAプロジェクトが失敗するのは大きなデメリットになる」

たとえば、先ほど紹介した料理がなかなか出てこなかったレストランの人なら、お客さんの頭の中の状態を想像していたはずです。

「料理が遅いことにイライラしているかもしれない」

「この店に来たのは、おいしい料理を食べて食事を楽しみたいから」

そんなことを考えて発した言葉ではないでしょうか。

③相手にとって優先度の高いことを、相手にメリットがあるように、もしくは相手のデメリットにならないように伝える。

こんな流れで考えます。

たとえば、相手に苦言を呈したり注意を促す場合、そのまま伝えると感情的に反応されたり、時にはケンカに発展することもあります。そんなときにも相手メリットで伝えます。

苦言も相手のメリットがあるように伝えますが、さらにおすすめしたいのが**「ほめる、苦言、ほめる」のサンドイッチで伝える**方法です。

「ほめる」でサンドイッチすると、印象がだいぶ変わりますよね。

最後にひとつ、相手メリットを考えるときに注意したいのは、**「言い訳」と混同しないこと。**

あくまでも相手にも自分にも、ともに納得感のある回答を探すことが大切です。

伝わる技術⑬　3つのグッドの法則

「3つのグッド」を入れると、興味・関心が高まる

妻からこんなことを言われました。

「どこかにいらなくなった新聞紙があったらもらってきてくれる？」

でも僕はそのことをすっかり忘れていました。

その後も同じことを頼まれたのですが、何度言われても忘れてしまいます。

すぐ忘れる僕に業を煮やしたのか、妻は言い方を変えてきました。

「新聞紙はゴミ箱の内側に使ってるの。これまではコンビニやスーパーのレジ袋を使っていたけど、レジ袋を使うより新聞紙を使ったほうが環境にもやさしいでしょ。それにいまはレジ袋にお金がかかるし」

この言葉を聞いて、初めて僕の頭の中に「新聞紙の必要性」が入ってきました。

その後、忘れることなく、新聞紙をもらって帰りました。

ただ「新聞紙をもらってきて」と言われただけではすぐ忘れていたのが、お金にも環境にも関係しているという話で、記憶に一気に定着したわけです。自分にも、妻にも、社会にも良いことだと認識しました。

人の興味・関心が高まる3要素、それが「自分グッド」「あなたグッド」「社会グッド」です。

こんなことを言われたら、どうでしょうか？

あるレストランで「今日のおすすめは？」と聞いたところ……。

「今日のおすすめは〇〇さんが大好きな牛肉のステーキです。このお肉、肉の味がしっかりしていて噛み応えもあり、おいしいと大評判なんです。脂身が少ないので、脂があまり得意じゃないご家族のみなさんにも喜んでいただけると思います。あと、温室効果ガスの排出を減らす飼育がされていて環境にもやさしいお肉なんです。とても良い牧場で育てられたものなので、いかがでしょうか？」

こう伝えられたら、このステーキを注文したくなりますよね。

自分にとっても良い、あなた（家族）にとっても良い、社会にとっても良い。

この3要素（3つのグッド）も「伝わる技術」です。

3つのグッドが入った、こんな椅子があったらどうでしょうか。

「この木の椅子、長時間座っていても疲れがたまりにくいので、リモートワークにもぴったりです。それと、この椅子に使っている木は温もりがある木なんです。

冬場でも座るときにヒヤッとした冷たい感覚を味わわずにすむんです。だから高齢者の方にもおすすめできます。木はすべて間伐材を使っているので環境にもやさしいんですよ」

どうですか、欲しくなりませんか？

最近、江戸時代から明治時代にかけて活躍した「近江商人」を見直す動きがあるそうです。**近江商人の「三方よし」という考え方が、いまの時代に合致している**というのが評価されている理由のようです。

「売り手よし」「買い手よし」「世間よし」

3つのグッドとつながる考え方です。

自分ゴトで興味・関心を高める

ここに2つの標識があります。

どちらも「立ちション禁止」で使われている標識です。

さて、クイズです。

この2つの標識、どちらのほうが効果があるでしょうか？

このクイズ、僕がよく講演会に登壇させていただくときに冒頭で使っているものです。いわゆる「つかみ」ですね。

なぜこれを使うか。それは人が関心を持ちやすい要素がいくつもあるからです。まずは「立ちション」というテーマです。誰にでも想像できますよね。**「遠くない」「共通する」「想像しやすい」**話題は伝わりやすさを生みます。

2つめは「問い」です。**クイズとして問いかけることで、「自分の頭で一度考える」というプロセスをとります。**そうすると、そのテーマを「自分ゴト化」しやすくなります。

3つめは「鳥居のイラスト」です。鳥居と立ちション、一見まったく関係ないものを結びつけることで、**「えっ?」という感情の波**を作ります。感情が動くことで、より関心を高めてもらうことを狙っています。

では、2つの標識を比べてみます。

上の立ちション禁止のマークは、見れば伝えたいことがわかります。ただ「禁止!」と言われると、反感を抱かれるときもありますし、気にしない人もいます。たくさんのごみが不法投棄されている場所に「不法投棄禁止!」と書かれた看板が立っていても、気にせず捨てていく人がいますよね。

でも、看板に「不法投棄禁止!」だけでなく、こう書かれていたらどうでしょうか。

「不法投棄禁止! 不法投棄する人には不幸が訪れます」

捨てにくくなります。

さらにこうだったらどうでしょうか。

「不法投棄禁止！　不法投棄した5人に不幸が訪れました」

こうなると、もう捨てられなくなります。

5人に不幸が訪れたと書かれると、一気に「自分ゴト」になっていくわけです。

先日、ある駐車場にこんな注意書きがありました。

「無断駐車した場合は、エアーをぬいた上、1万円以上の駐車料を申し受けます」

「エアーをぬいた上」という表現が、より本気度を示していて相手に伝わる表現になっています。もし自分が無断駐車したときにどうなるか、イメージしやすいですよね。

そうそう、立ちション禁止のクイズの答えをまだ解説してなかったですね。
答えは、**「どちらも効果はある」**です。

ちなみに、「鳥居のイラスト」が貼られていると、立ちションだけでなく、ごみのポイ捨てもされにくくなるそうです。なので、ごみの不法投棄防止のために鳥居が貼られていることもあるそうです。

ストレートに「禁止」「ダメ」と言われると自分ゴトになりにくいですが、鳥居のほうは「鳥居を汚してはいけない、何かバチがあたりそう」という自分ゴトに転換されやすいわけです。

たばこのポイ捨てを減らす取り組みとしておもしろい事例があります。
街中にある吸い殻入れ。ただ置いてあるだけでは気づかない人も多いと思うのですが、アイデアのある吸い殻入れがありました。海外の事例ですが、「リオネル・メッシとクリスティアーノ・ロナウド、世界最高のサッカー選手はどちらか？」という投票を促す吸い殻入れが設置されている場所があるそうです。こういう楽しい仕掛けがあると、自分ゴトとして参加したくなりますね。

これらは3つのグッドの派生形で「3つのコト」。**「自分ゴト」「あなたゴト」「社会ゴト」**です。これも伝わる技術として活用できる方法です。

伝わる技術⑭　文脈の法則

「伝わる文脈」を作る！

質問です。

「おまえ、バカじゃないの」は人をバカにした言葉でしょうか？

この言葉だけ聞くと、「人を侮蔑している言葉」という印象を受けます。

では、これだとどうでしょうか？

「完徹でギターの練習をしてたなんて、おまえバカじゃないの」

この場合の「おまえ、バカじゃないの」は侮蔑の意味ではなく、相手に対して「すごい！」という意味で使われています。

一方で、

「何度同じことを言ったらわかるんだ。おまえ、バカじゃないの」

こんな感じで言われたら、相手を相当きつく非難する言葉になります。上司が部下にこの言葉を発したらパワハラと言われてしまうかもしれません。

同じ言葉なのに、伝えたい意味はまったく逆。これが言葉の難しいところです。

違うのは「文脈」。だから、「文脈作り」は大切です。

文脈とは前後の関係、背景などから導き出される流れのようなものです。この流れを無視すると、言葉の意味が正反対になったり、意味がわからなくなったりします。

20代のころ、僕は仕事である役者さんに殴られたことがあります。

役者さんが僕を殴ったきっかけは僕が作りました。

ある雑誌の仕事でご一緒させていただいた役者さんで、掲載された誌面にその人が怒る理由があったのですが、僕は彼が何を怒っているかを間違えてとらえていました。

文脈がわかっていなかったわけです。そのせいで、とんちんかんな受け答えをしてしまいました。

いくら言ってもわからない僕に対して、その役者さんの我慢の限界にきたのでしょう。もちろん、殴る行為自体は肯定できません。ただ、文脈がわからないと相手を怒らせることがあるのを身をもって体験しました。

伝わる文脈を作る3つのポイント

当時の僕もそうでしたが、文脈を読むのが苦手な人がいます。そういう人がよくやっているのが**「単語ひろい」**です。

言葉の中の「単語」に反応してしまい、文脈を決定する流れや接続詞、助詞をスルーしてしまう。たとえば「バカ＝侮蔑の言葉」と直線的に認識されていることがあります。

そういう人には特に「わかりやすく文脈を伝える」ことが大切です。

では「わかりやすく伝わる文脈」はどうやって作ればいいのでしょうか。

文脈では、次の3つの要素を考える必要があります。

1 **目的、ゴール**
2 **前文脈**
3 **後文脈**

たとえば、親が子どもに注意をするとき。文脈がうまく伝わらないと子どもはただ怒られているという印象を持ってしまいます。

「横断歩道はちゃんと左右を見て、車が来ないことをしっかり確認してからじゃないと渡ったらダメよ。ほかの人が渡ってても安全なわけじゃないんだから」

こんなふうに伝えると、もしかすると渡り方について怒られているように感じる子どももいるかもしれません。

そんなときは、文脈をしっかり作って伝えます。

「①車にひかれるのは嫌だよね？　②最近、この道路で事故があって車にひかれた人がいるんだよ。横断歩道を渡っているときに、車の運転手さんがよそ見をしていてあなたに気がつかないこともあるから、渡るときは、右と左をキョロキョロ見て、車がいないことを確認してから渡ってね。ほかの人が渡ってるからって安全なわけじゃないんだからね。③もしあなたが車にひかれたら、ママは悲しくてしょうがないからね。約束ね」

このくらいの文脈があれば、怒っているのではなく、お母さんが心配していることが伝わるんじゃないでしょうか。なかなかここまで具体的に言うのは大変ですが、大切なことを伝えるときには必要なことだと思います。

この伝え方を分解すると、

① 目的、ゴール

親のゴールは子どもが事故にあわないように注意をして横断歩道を渡れるようになること。そのことを子どもに実感してもらうように伝えること。

・車にひかれるのは嫌だよね？

② 前文脈

・最近、この道路で事故があって車にひかれた人がいるんだよ。
・横断歩道を渡っているときに、車の運転手さんがよそ見をしていてあなたに気がつかないこともあるから、

③ 後文脈

・もしあなたが車にひかれたら、ママは悲しくてしょうがないからね。約束ね。

こうすることで、子どもはお母さんの思いもわかりつつ、注意喚起をされたと受け取るはずです。

以前、仕事で知り合いになったAさんが僕を食事に誘ってくれました。

Aさんがお店をセッティングしてくれることになったのですが、お店を決めるときに僕にこんな質問をしてきました。

「柿内さんは会食がよくありますか？　ちなみに、僕との会食の前日や前々日、もしくは翌日や2日後に会食の予定があるのであれば、そこで何を食べる予定か教えてもらえないですか？」

「文脈」とはちょっと違いますが、こういう流れを考えた気遣いもあるんですね。

ちなみに、文脈はなにも言葉だけではありません。

不機嫌な顔をしたら、不機嫌なトーンが伝わります。やさしく話せば、やさしいトーンが伝わります。どんな表情で伝えるか、

どんな声で伝えるか、これも文脈のひとつです。

文脈があって、言葉は意味を持ちます。なので、文脈を飛ばすと言葉の意味が伝わらなくなります。先ほどの「バカ」の例のように、ただ「バカ」だけでは伝わらないのです。

文脈がわからないと間違いが起きやすい

以前こんなことがありました。

「帽子どこだっけ？」

僕が何の説明もなく妻に突然こう話しかけました。

「どの帽子のことを言ってるの？」

妻からしたらどの帽子のことを言っているのかさっぱりわからないわけです。

僕は「黒のキャップ」をイメージしていたのですが、つい「帽子どこ？」と聞いてしまいました。これは前文脈を抜かしてしまったケースです。こういうことは家庭だけでなく、職場でもよくある話じゃないでしょうか。

文脈や前提がわからないと、相手の頭の中は「？」状態です。

話す側は自分がわかっているし、相手もわかって当たり前と思っているかもしれませんが、文脈がわからないまま相手の言うことが理解できたらそれはもうエスパーです。

面倒でも文脈がわかるように丁寧に話したほうが合理的です。

いきなり本題は避けたいところです。

本を読むときに一語ずつ読み込まないでも全体の意味がわかるのは、文脈がわかっているからです。文脈を理解しておけば「ざっくり読む」ことができます。

伝え方でも同じです。「ざっくりでも理解してもらう」ためには文脈を伝えることが必要です。

伝わる技術⑮　結論の伝え方

結論ファーストと結論ラストの使い分け

説明がうまい人は結論から話す。

仕事の現場ではよくいわれることです。

確かに、結論がわからないまま理由や説明をダラダラ聞いているのは効率的ではありません。聞く側、読む側からすると「結論がどうなのか？」がわからないまま聞いている状態は、頭の中で次の展開を考えにくく、イライラさせられることもあります。

以前聞いた話ですが、ある有名経営者の方は多忙のため打ち合わせ時間が5分単位だそうです。5分でいくつかの案件の承認をとらなければいけない。そうなると、結論が先はマストになります。

たいていのシーンでは結論ファーストのほうが相手に伝わりやすくなりますが、結論ラストのほうがいいシーンもあります。それは後ほど説明しますね。

結論を先に伝える場合は、

論点の確認 ↓ 結論 ↓ 理由

という流れになりますが、「結論」を前に「論点の確認」をしておいたほうがいいと思います。

結論から伝えると、相手は「この人はいま何の話をしているのか？」がわからないことがあるからです。先ほど出てきた「文脈」の話です。

仕事でも日常でも、忙しい人が多いですし、一つひとつのことを人間はちゃんと覚えていられません。伝える側にとっては覚えていて当たり前でも、意外に相手は忘れているケースがあります。ですから、「相手が忘れているかも」というところから始めると、コミュニケーションがスムーズになります。

そんなことが大切なの？　と思う人もいるかもしれません。

でも、「論点の確認」がちゃんとないまま話を始めたせいで、通る話が通らなくなったなんてことが、実はけっこうあるんです。

僕もそういうシーンに何度も出くわしたことがあります。

結論を「後」にしたほうがいいときもある

裁判では判決を言い渡すときには「主文（結論）」を先に読み、そのあとで「判決理由」を伝えるのが基本です。ただ、重大事件などの判決の場合は「主文後回し」というケースがあり、先に「判決理由」を話し、最後に「主文（結論）」が伝えられます。

判決理由をしっかりと聞いてもらうためにそうしているそうなのですが、結論が先か後かというのは、仕事や日常のシーンでも使い分けが必要かと思います。

たとえば、

- **厳しいことを伝えるとき**
- **お客さんに商品やサービスを伝えるとき**

などは結論が後のほうがいいケースが多いです。

相手が原因や背景などをわからない段階で、いきなり結論を伝えることにリスクがある場合は「結論は後に」。

相手や内容に合わせて先か後かを使い分けする必要があります。

伝わる技術⑯　本能の言語化

みんなの中にある「本能」を言葉にする

「おもしろき こともなき世を おもしろく」（高杉晋作）

「意志あるところに道は開ける」（エイブラハム・リンカーン）

「キャリアではない。私の人生なんだ」（スティーブ・ジョブズ）

どれも「名言」とされている言葉です。3つとも僕が好きな言葉で、この言葉はノートに書き込んであります。

名言は、多くの人の心に届いた結果、名言になりました。

つまり「心に響く言葉」というわけです。

なぜこれらの名言は多くの人の心に届いたのでしょうか？　そこに「心に響く

伝え方」のヒントが隠れています。

一番の理由は、**「本能の言語化」**にあるのではないでしょうか。

マーケティング用語ではインサイトという言葉がよく使われます。インサイトとは「しっかりと言語化、見える化していない、人の潜在意識」のことです。

僕はこのインサイトを自分なりに理解しやすくするために**「顕在化していない本能」**と言いかえています。そして、仕事でいつもこの「本能」と向き合っています。

たとえば、書籍のタイトルや帯コピーを作るときは、その本の読者になってもらえる人の心の中の「本能」を考え、それを言語化するよう心がけます。この工程は、かなり悩みます。それこそ、頭をフル回転して考えます。

『「空腹」こそ最強のクスリ』という僕が関わった本がありますが、この本の企画とタイトルは本能を考えました。この本は16時間断食を提唱していて、16時間食べない時間を作ることでオートファジーと呼ばれる作用が起き、それが健康に効果があることを書いた本です。おかげさまでベストセラーになりました。

この本のテーマは「空腹時間を作ることが体に良い影響を及ぼす」ということです。いろいろ調べていくと、こんなことがわかりました、

●食べるとだるくなったり、眠くなる人がけっこういる。

●本当はそんなに食べたくないのに、無理して1日3食食べている人がいる。

そのときに考えた「本能」はこんなことです。

●食べないでお腹が減っている状態は、けっこうスッキリ感がある。
●断食が体に良いということはなんとなく知っている。
●食べない時間を作ることは苦しい部分もあるが、心地良い部分もある。

心の中にある本能を見つけ、本のテーマと合わせて考えた言葉が『「空腹」こそ最強のクスリ』というタイトルでした。

では、どうやって「本能」を見つけ、それを言葉にすればいいのでしょうか。

「本能」を見つけるひとつの方法が**「セルフ問答」**です。

セルフ問答とは自分自身で質問を繰り返すことで、より深いところを探っていくやり方です。

モスバーガーの「バターなんていらないかも、と思わず声に出したくなるほど濃厚な食パン」は本能を言語化し、商品化してヒットした例ではないでしょうか。

こだわりの食パンブームは以前から起きていました。味や品質を売りにした食パン専門店があちこちで話題になっていましたが、モスバーガーはもうひとつ深い本能を発見し、言語化しました。それが「バターなんていらないかも」です。

こだわり食パンはすでにあちこちのパン屋さんで作っている。食パンの最高の友のひとつがバターです。バターとトーストの組み合わせは本当においしいですよね。僕も大好きです。

ここまでは顕在化した欲求です。

そこで本能を探るセルフ問答です。

バターと食パンは最高の組み合わせ
↓なぜバターは相性が良いのか？（WHY）
↓味の深み、香り、舌触り……
↓バターを組み合わせないでも最初からそのおいしさを実現できている

食パンがあればいいのではないか？　食パンそのものの魅力も上がるし、バターをつける手間も省ける
↓どうすればそれが実現するか？（HOW）

セルフ問答では質問を繰り返していき、だんだんと本能に近づけていきます。この問答は僕が考えたものなので、実際にこうしたプロセスを経て商品が生まれたかはわかりませんが、最初はちょっとした疑問や気づきだったものをセルフ問答していくことで、考えを深め、広げていくことができます。

発見した本能を言語化するときに使えるのがかけあわせ法やずらす法、まとめる法などの「考える技術」です。それぞれの方法の解説は次ページの表をご覧ください。

考える技術

技術名	説明
かけあわせ法	出会ったことがない言葉と言葉をかけあわせる方法。 かけあわすことで新しい価値を生みだす。商品開発からブランディングまで幅広く使える。
数珠つなぎ連想法	出会ったことがあるもの、イメージできるものをつなげていく方法。 既存のものに新しい魅力、価値を発見したいときに使える。
ずらす法	今ある価値を横にずらし、新しい価値を生みだす方法。 魅力をずらす、市場をずらす、届ける先をずらすなど。商品やサービスが売れなくなってきたときにも使える。
脱２択	2つの課題を一度に解決するための思考法。 選択を迫られたとき、orではなくandをベースに思考する。
まとめる法	バラバラに存在しているものをひとまとめにして、価値づけする思考法。 新たな魅力を生み出したいときに使える。
あったらいいな	ドラえもんにひみつ道具を頼むのび太くんになったつもりで考える方法。 まったく新しい価値を生み出すための思考法。
360度分解法	テーマを全方位から因数分解し、構成要素を見つけていく方法。 構造を理解できる。
ポジティブ価値化	マイナスイメージなものをポジティブなものに置きかえる方法。 弱点の根源をつかんで解決策を見つけることができる。
すごろく法	すごろくを作ってゴールから逆算思考で考える方法。 ゴールへの最短距離を見つけたいときに使える。
正体探し	人の心の中にある「見えない心理」を見つけ出す方法。 無意識の正体がわかることで、解決策を見出していく。

さらに詳しくは僕の前著『パン屋ではおにぎりを売れ』に書かれていますので、興味のある方はご一読ください。

コラム

居酒屋の「煮込み」に学ぶ伝え方のコツ

クイズです。

居酒屋などでおなじみの
「煮込み」。
煮込みのおいしさを、
あなたならどう伝えますか?

「伝え方のコツ」は、煮込みのおいしさを伝える例でも説明ができます。

たとえば、グルメ評論家ならこんな伝え方をするんじゃないでしょうか。

「この煮込みは、新鮮なモツを丁寧に下処理していて、その仕事がすごいんです。ですから一切臭みがありません。ワインと味噌を併せてそこに隠し味のしょう油を入れていて、味がとにかく奥深いんです……」

これは煮込みの本質的な魅力を**「深掘りしていく伝え方」**です。

ほかには、こんな伝え方もあります。

「アツアツのごはんにぶっかけて食べたら超うまい！」

これは煮込みの魅力を**「広げていく伝え方」**です。

また、煮込みを作っているお店のご主人にスポットをあてて伝えるケースもあります。

「創業以来50年継ぎ足されてきたたれを使って、さらにご主人が改良を加えた煮込みです。ご主人はもともとフレンチのシェフでしたが、先代との出会いで煮込みの世界に魅了され、弟子をとらない先代に何度も何度も頼み込んで弟子入りし……」

これは**「ストーリーを使って伝える方法」**です。

さらには、映像で伝えるなら、食べながら満面の笑みで「うま――い!!!」という伝え方。

これは**「見た目で伝える方法」**です。

これらの方法をかけあわせて伝えてくれる煮込みの名店があったら、絶対行きたくなりますね!

第4章

「伝わる人」が実践している4つの行動

伝え上手な人は ムダな努力をしない

「大人はわかってくれない！」

僕も若いときによくこの言葉を口にしました。

いまの若者も、変わらず「大人はわかってくれない」と思っているんじゃないでしょうか。

「大人はわかってくれない問題」は若者にとって永遠のテーマです。

なぜ、「大人は若者をわかってくれない」のか？

大人だって昔は若者だったわけだし、時代は変わっているかもしれないけど、もっと若者の気持ちがわかっていいはず。

でも、たくさんの経験、加齢による変化、環境の変化、しがらみ……さまざまな要因で考え方は変化していきます。昔の自分をいまの自分が見て、当時なぜそうだったのかを理解できなくなっているなんてことも起きます。

実はこの問題の本質は、大人と若者だけの分断ではありません。

この問題が起きる根本的な理由は、

「そもそも人は、人のことがわからない」からです。

自分の伝えたいことが、そのまま相手に届くことは基本的にありません。

職場でも、仕事相手にも、夫婦でも、友人でも、お客さんにも。

「おいおい、ここまでさんざん『伝わる』について話してきて、ここで『わからない』なんて、矛盾してるじゃないか」

そう思うかもしれないですが、そういうことではないんです。

脳科学者の西剛志さんはこう言っています。

「コミュニケーションスキルが高い人は『自分の脳と相手の脳が見ている世界が違うということをしっかりと認識している人』」

（『なぜ、あなたの思っていることはなかなか相手に伝わらないのか？』という本に詳しく書かれています）

たとえば、「夕陽」という言葉からどんなシーンを想像しますか？

同じ夕陽でもアフリカの大地の夕陽と、東京のど真ん中の夕陽は、印象が異なります。同じ言葉を聞いても一人ひとり想像するものは違います。

だから、「伝わる」というのは簡単ではない。

その原因は「脳のバイアス」にあります。脳のバイアスは、遺伝や性別だけでなく、生まれ育った地域、環境、経験、知識によっても変わります。

100人いれば100通りある。それが脳のバイアスです。

たとえば、ワインのおいしさを伝える場合。ソムリエ同士の会話であれば、さまざまな表現でそのワインのおいしさを伝え合い、お互いにより近い理解ができるかもしれません。

一方で、ソムリエがレストランでワインには詳しくないお客さんに伝える場合は、相手が理解できる範囲の言葉で伝えます。おいしさは、味覚だけでなく、嗅覚や知識などさまざまなことで感じるので、そのワインのおいしさは、ソムリエとお客さんではかなり違った感じ方になるはずです。

これはもうしようがないこと。なので、「伝わる」「わかる」のは難しいし、伝わったとしても、それは「ざっくり伝わった」くらいでとらえておくほうが賢明です。

そもそも「伝わっていない」「わかってもらうのは難しい」という前提から始める。

そこから始めるほうが、結果としては「伝わる」「わかりあえる」部分が増えると僕は思っています。

脳のバイアスに対峙するにはどうしたらいいでしょうか。

まずは「あきらめること」が必要です。

といっても、伝えることをやめるわけではありません。「あきらめる」からスタートするのです。

「あきらめる」はマイナスの言葉として使われることがよくありますが、2つの意味があります。

ひとつは**「諦める」**。投げ出す、執着しないという意味です。よくマイナスの意味で使われるのは、この「諦める」です。

もうひとつが**「明らめる」**。仏教の世界で生まれた言葉だそうで、物事を明らかにするという意味です。

伝え方ではこの2つの「あきらめる」が必要です。

65ページで、伝わるとは「相手ベース」と書きましたが、すべてを伝えることに執着せず、**「なぜ伝わらないのか」という理由を明らかにすることこそが、**相手ベースで考えるということです。


この本でみなさんに伝える「方法」はそのためのものです。

「なんでこんなに説明しても伝わらないんだ！」

「理解できないなんてバカなんじゃないか」

そういう感情が起きることもあるかもしれませんが、相手を否定するよりも自分にできる伝わる戦略をとったほうがイライラも減るし、あなたにとってもきっといいはずです。

「伝わる人」は「やさしさ」を武器にしている

僕は、伝え方がうまい人は相手のことを考えられる「やさしい人」なんだと思っています。

自分のことばかり考えていて、自分の言いたいことをただ言っている人。
相手のことを考えて、相手に伝わるように一生懸命伝えようとしている人。
どちらの言葉が響いてくるでしょうか。

相手に伝えようと思って、相手のことを考えている人は好感が持てますよね。

そう。

伝え方には「相手を思いやるやさしさ」があるといいんです！

といっても、そのために人間性を磨こうとかそういうことが言いたいわけではありません。ただ「やさしさ」を意識する。それだけでも意味があると思います。

たとえば、相手になかなか伝わらないとき。イライラしてしまうことはないですか？　僕もあります。

このイライラ、相手にも伝わります。

伝えたい内容はなかなか伝わらないのに、イライラはすぐ伝わる。そういうものなんですよね。

こちらのイライラが伝わると、相手もイライラしたり怖がったりと、感情がざわつきます。そうなると、本来伝えたかったことはますます伝わりにくくなり、悪循環。これでは「伝える」という目的を達成できないし、ストレスという避けたいものまでついてきます。

こんなとき、「やさしさ」が武器になります。

イラッときたら、「やさしい人になろう」と心の中でつぶやく。

相手の頭の中をイメージしながら、「伝わる技術」を駆使して、「やさしく」伝える。

これだけで、だいぶ変わります。

少し話がずれますが、こんな話があります。

帝国ホテルの「オールドインペリアルバー」の話です。

このバーで、お酒のおかわりの注文がきたとき、バーテンダーが2杯目のお酒を置く位置はどこかご存じでしょうか。

答えは「お客さんが移動した1杯目のお酒が置いてある位置」だそうです(『壁を越えられないときに教えてくれる一流の人のすごい考え方』より)。お客さんは、1杯目のお酒を自分がもっとも飲みやすい位置、あるいはグラスを置いておきたい場所に移すことがよくあるそうで、2杯目はお客さんにとっての「定位置」にサッとお酒を置く。

相手を思う。これぞ、サービスですね。

サービス業の基本は「お客さまを第一に」です。伝え方で必要な「相手ベースで考える」ともつながる考え方です。

「怒る」と「不機嫌」は伝わらないを生む！

以前、タクシーに乗ったときのことです。

運転手さんがイライラしていて、ちょっとしたことでクラクションを鳴らし、小声でぶつぶつと文句を言っていました。

その運転手さん、しばらくすると僕に話しかけてきたのですが、彼のイライラに対して嫌な気持ちになっていた僕は、彼の話に受け答えはしましたが、心ここにあらずな感じで、結局何を話しているのかまったく入ってきませんでした。

「怒る」「不機嫌」「怖い」
そんな状態は「伝わる」の大敵です。

相手は嫌な感情をベースに情報を受け取ることになります。すると、受け取った情報それ自体を否定的にとらえがちです。さらに、嫌な感情に意識が行くので肝心の情報の中身にはあまり意識がいかず、結果的に「伝わらない」が生まれやすい。

人間ですから、イライラすることもあるし、怒りたいときもあります。

でも伝えるときにその感情を出してしまうと、伝わらないという残念な結果が訪れます。

そんな話を以前、マネジメントの仕事をしている知人に話したところ、こんなことを言われました。

「僕は部下に成長してほしいから、ついつい語気が強くなったり、怒ったりしてしまうことがある。それは部下に対する思いなんだ。だから怒らないほうがいいと言われても難しい」

確かにそうですよね。

でも、**このときの目的は相手の成長であって、怒ることではありません。**相手の成長というゴールを達成するためには、伝えたいことの中身を理解し納得してもらうことが大切です。そのためには、怒らないほうが「伝わる可能性」が高まります。

「嫌な気持ちは感染する」といわれています。友人が落ち込んでいるとその負の感情が伝わり、自分も落ち込んでしまったなんて経験はないでしょうか。ある調査によると、「不機嫌な感情」はSNSなどでも、ほかの人に広がる可能性があるそうです。

じゃあ、怒りや不機嫌な感情がわいてきたときはどうするか?

精神科医の和田秀樹さんは、怒りを鎮めるポイントは**いま自分は怒りや不機嫌な感情がわいていることを、自分で客観的に認識すること**

で、一度冷静になることと言っています（『「もう怒らない」ための本』より）。

怒りは、話が「伝わらない」ということだけでなく、相手から幼稚に見られたりとマイナス面が非常に多いので、怒りの鎮め方を覚えておくのは得策です。

和田さんは、怒りの感情を軽くするこんな方法を紹介しています。

イラッときたら「3秒深呼吸」

怒りがわいているときは脳が酸素不足になっている可能性があります。

そんなときは深呼吸を3秒することで脳に酸素を送り、また冷静さを取り戻すきっかけにもすることができます。

ほかには**「アイスクリームで怒りをクールダウンする」**という方法もあります。甘いものを口に入れることで、血糖値を上げる。さらに冷たいものので、頭も冷やす。そんな効果があるそうです。

どうしても怒りがおさまらないときは、**「3秒だけ怒る」**。ため込んでしまうのもよくないので、怒りを小出しにする。ただし時間を決めておくことで切り替える。そういう方法です。

こういったメンタルコントロール法を身につけておくことも、「伝わる」につながります。

「言わなくてもわかっているはず」が引き起こす悲劇

離婚の原因の第1位は「性格の不一致」だそうです。さまざまな機関で調査されていますが、どの調査でも圧倒的1位になっています。

このデータを見たとき、疑問が生まれました。

あるデータによると恋愛結婚の比率は87・9％。付き合う期間はばらつきがありますが、相手を知り、好きになって結婚しているケースがほとんどです。相手の性格もそれなりに認識して結婚しているのでは？　なのに、なぜ「性格の不一致」？（結婚後に豹変するという人もいると思いますが）

離婚する夫婦に見られる特徴としてはこんなことがあるそうです。

「コミュニケーションが少ない」
「相手に対して関心が薄い」
「家族で一緒に過ごす時間が少ない」
「相手の話をあまり聞かない」
「自分の意見は正しいと思っている」

こういった気持ちになってしまうきっかけは、「言わなくてもわかっているはず」という感情がベースにあったんじゃないでしょうか。

不満が生まれる元凶は伝えないこと

これは家族や夫婦の間に限らず、仕事の現場でもよく起きています。
仕事では「報・連・相」（報告・連絡・相談）が大切といわれますが、すべて「伝える」関連です。

日頃一緒に仕事をしていると、お互いにこういう感情が生まれやすくなります。

「言わなくてもわかっているはず」
「このことは共有できているはず」

でも、実際はそこまで共有できていない、わかりあえていないこともよくあります。そうすると生まれるのが「不満」です。

聞いてない、何を考えているかわからないなど、不満の種が生まれてきます。

不満が積み重なるとトラブルが起きるなんてことも……。

「報・連・相」が必要というのは、こういう理由からきてるんですね。

トラブルの多くが「伝えていない」から起きます。

日常の中でついつい忘れてしまうことありますよね。ほかのことに気をとられて後回しにしていることがあれば、ぜひすぐに伝えましょう。

伝えることの重要性を再認識することもできるはずです。

コラム

伝え方がうまいかどうかがすぐわかる質問の仕方

採用面接のとき「自己紹介をしてください」とお願いすると、自分の経歴をずっと話す人がいます。履歴書に書いてあることをなぞるように。

こういう人は残念ながら「伝え方が下手な人」だと僕は思っています。なぜ面接で自己紹介をしてもらっているのかを考えていないからです。

面接で自己紹介をしてもらう大きな理由は**「あなたはどういう人か、あなたの魅力は何かを教えてほしい」**からです。

そもそも自分自身とは年齢分だけ付き合いがありますよね。一番長い付き合いがあるのが自分です。その自分をうまく紹介できないというのでは、やはり面接する側は不安になります。

「自己紹介をしてください」は、相手の伝え方のレベルを見るキラークエスチョンになります。

そしてもうひとつ、キラークエスチョンがあります。

それは**「あなたの仕事を教えてください」**という質問です。

回答で自分の役職や部署を言う人がいますが、こういう人も残念ながら伝え方があまりうまくない人だと思います。それは会社での役割であって、仕事そのものではないですよね。自己紹介と同じように、仕事とも長い付き合いであることが多いですよね。自分の仕事を魅力的に伝えられないというのは、やっぱり残念です。

たとえばこんな感じです。

「あなたの仕事を教えてください」

「私の仕事は、○○株式会社の財務部長です」

もちろん間違いではありません。でも、相手が何を知りたいかを考えると、この答えではないんじゃないでしょうか。

部長は肩書きです。

部長の仕事はマネジメントか、プレイングマネージャーか、もしくはそのほか。マネジメントであれば、財務部で部下のマネジメントをするのが仕事になりますし、プレイングマネージャーでしたら、部下のマネジメントをしながら、自分でも○○○○をしている、というような話から始まり、さらに自分自身の仕事を魅力的に紹介していく。そんな回答をする人が伝え方がうまいんだと思います。

抽象度の高い質問は、相手がどういうことを考えているかなどを探る材料になります。明確に聞きたいことがある場合は、より具体的な質問が必要ですが、相手の頭の中を広く知りたい場合は、あえて抽象的な質問をしてみるのも、ひとつの方法です。

第5章

「伝えるのが面倒な人」への対応策

「すぐ否定する人」への対応策

仕事において大切な思考のひとつに**「性悪視点」**があります。

進めている仕事が本当にこれでいいのかを判断していくときに、**意識的に「ダメなんじゃないか」という否定的な視点から見ていくこと**をそう呼んでいます。疑ってかかるということです。

たとえば僕の仕事では、原稿の良し悪しを判断するとき。無意識に原稿を読んでしまうと、たいていは「良い原稿」に感じてしまいます。

でも意識的に「性悪視点」を持つことで、原稿をさらにブラッシュアップしていくことができます。

そのことを前著で書いたところ、こんな質問を受けました。

「会社でなんでも否定的な意見を言う人がいるのですが、それも性悪視点ということなんでしょうか?」

いいえ、それは性悪視点ではありません。**意識して否定的に見るのと、なんでも否定するのは似て非なるものです。**

なんでも否定的な人、いますよね。

「この企画、どう思いますか?」

「難しいですよ」と言って難しい理由を話す。

「この営業先と新規取引できますかね?」

「そこは難しいよ」と言って難しい理由を話す。

代案があるわけではなく、ただ否定的なことを言う。

そんな人、周りにいませんか？

否定ばかりする人は自分で否定ばかりしていることを認識していないことが多いそうです。無意識に否定してしまうわけです。

なぜなんでも否定するのか？

理由はいろいろありますが、否定することで相手を下げて、自分を高める。ある種の**自己肯定の行為**だったりします。

また、否定マウントで**相手よりも優位なポジションをとろうとする**こともあります。

相手が自分より評価されそうなので、**負けたくないというコンプレックス**からくることもあるようです。

なかなか面倒な感情がベースになっています。

では、こういう人にはどう対応したらいいのでしょうか。

否定してくる人の特徴に「部分否定」があります。こうした人の否定の多くは「目的・ゴールに向かうための否定」ではなく、**「好みや思い込みをベースにした部分的な否定」**です。

であれば、**話を広いところにもっていけばいいのです。**

部分的な話を続けると、否定する人の思うつぼ。その部分であぁでもないこうでもないと話してもラチがあきません。

部分的な話は枝葉末節の内容が多いので、そこで話し合う必要がないようなことだったりします。

ですから、一刻も早く、**話題を変えるべき**です。

スムーズに話題を変えるコツは、ゴールの確認をすること。

その仕事のゴールを確認して、その意見や考えがゴールにどう結びつくのか、そういう俯瞰した視点での話し合いにしていくのです。

否定してくる人との話は常にゴールを意識し、ゴールに向かっているか、いないかを確認しながら進めていく。

ゴールを共有するときにおすすめしたいのは122ページにも書いた**「ホワイトボードの活用」**です。ホワイトボードがなければ紙でも大丈夫です。

要は「ゴール」を見える化することです。

ホワイトボードの真ん中にゴールを書き、その周辺にゴールにつなげるための意見やプランを書き込んでいきます。

そのなかに「否定ばかりする人の意見」を入れ込んでみてください。それでゴールに向いていないことも見える化できるはずです。

「話が通じない人」への対応策

以前、『頭に来てもアホとは戦うな！』や『バカとつき合うな』という本がベストセラーになりました。

相手が本当にバカなのか、アホなのかはわかりませんが、コミュニケーションをいくらとっても、**どうしても伝わらないと思う人であれば、無理してコミュニケーションをとらないという選択もあります。**

そこに時間をかけても伝わらない可能性が高いからです。

もちろん、教育現場や医療・介護の現場にいる人など、どうしてもコミュニケーションをとらないといけない役割や場面もあるかと思いますが、そういうときも、「伝わるのは難しい」という前提でいるのがいいと思います（217ページで書いたとおりです）。

人は自分の理解できる範囲でしか理解しません。そのため、どうしても伝わらないということは起きてしまいます。

どうにかして伝えようと時間をかけ、労力をかけるのももちろん悪いことではありません。でも、**いくら時間や労力をかけても伝わらない相手はいます。**

そんなときはあきらめることも必要。伝わらないという前提で、どうするかを決めましょう（「あきらめる」の意味は218ページで書いたとおりです）。

といっても、あきらめるって意外に簡単ではないケースがありますよね。

僕があきらめるときにやっていることは3つあります。

・自分時間の価値の再確認
・感情の切り離し
・ゴールの再確認

「自分時間の価値の再確認」は、自分の大切な人生の時間をそこにかけるべきかを再確認することで、あきらめようという意識も出てきます。

「感情の切り離し」は、とにかく怒らないことです。感情を切り離すことで冷静な判断ができるようになります。

「ゴールの再確認」は、伝わらないことに時間をかけることが得策ではないことを再認識します。

「重箱の隅をつつく人」への対応策

会議や打ち合わせで、重箱の隅をつつくような質問をしてくる人がいます。

メインのテーマからずれていることや、まだそこまで考える段階ではないような詳細な部分をついてくるようなタイプです。

こういう**「重箱の隅系」**の人、いますよね。

隅をつついてくる目的は何か？

会議の場であれば「何か言わないと自分の存在意義が示せないと思い、無理やり質問してくるケース」「あなたに対してマウントをとりたいと思い、わざと答えにくい質問をしてくるケース」などがあるでしょう。

どんな目的であれ、面倒な人ということには変わりありません。
そこで重箱の隅系の人に対しては、相手の立場やあなたとの関係性もあると思いますが、もしある程度あなたがハッキリと相手に伝えても問題がない関係性ならば、こんな対応策はどうでしょうか。

「その質問は今日の会議の議題から外れてしまうので、今後の検討材料にさせてください」

「私の話がまだ終わってないので、すみませんがあとにしてもらってもいいでしょうか」

要は、話にできるだけ入らせないようにすることです。

ただこの伝え方は、ズバッと届くので、相手の感情を損ねるリスクがあります。
無駄に敵を増やさないためには、もう少し気を使いながら回答する方法もあります。

それは、**できるだけ相手を否定しない。**

まずは受け止めることです。

ただ、重箱の隅系の人は本質からずれた枝葉末節のことを問い詰めてくるケースが多いので、**受け止めた上で、ゴールや目的を確認するわけです。**

「すぐ否定する人」への対応策と同じです。

たとえば、会議ならこんな感じです。

「ご指摘ありがとうございます。確かにおっしゃるとおりです。今日の会議のメインの目的が○○だったので、ディテールの部分がまだ詰められてないことがあります。ご指摘の箇所は、今日の会議で○○の部分の承諾をいただけたら、次に取りかかりたいと思います。貴重なご指摘ありがとうございます」

避けたいのは、議論が本質からずれてしまうこと。

なので、ゴールを確認しつつ、相手の感情や立場を考えた答えをしていきます。

「話が広がらない人」への対応策

初めて会った人とあいさつを交わした後の会話です。

Aさん「最近、少し肌寒くなってきましたね」
Bさん「そうですね」
Aさん「紅葉もきれいで、日光のいろは坂は大渋滞だそうです」
Bさん「そうなんですか」
Aさん「こちらのオフィス、雰囲気いいですね」
Bさん「ありがとうございます」
Aさん「……で、今日のご提案なんですが……」

こちらが投げた質問に一問一答。会話がブツブツ切れていく。このように話が広がらない人がいます。

なぜ話が広がらないのか、そこにはいくつかの理由があります。

【話が広がらない理由】

① 話すのが苦手。

② こちらに興味がなく、話す気がない。

③ いま機嫌が悪い。

④ 時間がないので早く終わらせたい。

⑤ こちらの質問が下手で話す気が起きない。

⑥ こちらに良い感情を持っていない。

などなど。理由はいろいろ考えられます。

①の「話すのが苦手」な人の場合は、これはしようがないですよね。

話すのが苦手でも聞くのは好きという人もいるので、質問を相手に投げるのではなく、自分が主導権を握って話をしていくことでコミュニケーションをとるのもいいと思います。

④の時間がない場合、これはスピーディーに切り上げることが相手のためでもあるので、話を広げる必要はないですよね。

問題は②、③、⑤、⑥です。

ここを突破するのは簡単ではないですが、**「質問力」が力になってくれます。**

僕はサッカーが好きで、よく試合を観戦しているのですが、サッカーの試合が終わったあとの選手へのインタビューを見ていてよく思うことがあります。

それは、インタビュアーの質問力によって、選手の答えがまったく違うということ。

「今日の試合の感想を教えてください」といったフワッとした質問には、選手も想定内の答えしかしてくれません。勝った試合ならば、「この勝利を次につなげていく」「今日のことは忘れて明日からは次の試合に備える」など。一方で負けた試合ならば「しっかりトレーニングして次は必ず勝つ」などです。

一方で、インタビュアーの質問がうまいときは、選手も思いのほか本音を語ってくれたり、本心が表れる表情や話し方をしたりと、見ているほうにとってもおもしろい答えが出てくることがあります。

どう聞かれるかで答えはまったく変わる。これが質問力です。質問の力は打ち合わせや雑談でも力を発揮してくれます。

質問は「ずらす」のではなく「深める」

話を広げていくためには、「質問を深めていく」ことが大切です。

たとえば、

Aさん「ランニングが好きと聞きました」
Bさん「そうですね、よく走ってます」
Aさん「先日、テレビでやっていたマラソン大会、ご覧になりましたか?」
Bさん「いいえ、見てないです」
Aさん「その大会で多くの選手が同じスニーカーを履いてましたが、Bさんもああいうスニーカーで走ってるんですか?」
Bさん「いえ、違います」
Aさん「………」
Bさん「………」

これは、悪い質問ケースです。

話が広がらないと思い、横に横に質問をずらしていく。

でも、話が盛り上がらないので、さらに横ずらしをしていく。

それと、この質問がよくないもうひとつの理由は**「イエスかノーで答える質問をしている」**こと。

イエスの回答であれば話が広がる可能性はありますが、ノーの回答が出てしまうと話はそこで切れてしまいます。

質問は「イエス・ノー」で回答されるものではなく、次の会話につながるヒントを話してくれそうな内容にする。

そうすると話は広がっていきます。

たとえば、こんな感じです。

Aさん「ランニングが好きと聞きました」

Bさん「そうですね、よく走ってます」

Aさん「どういうところを走っているんですか?」

Bさん「家の近所を走ることが多いですが、ときどき旅先で走ったりもします」

Aさん「そうなんですね。旅先だとどういうところで走られたことがあるんですか?」

Bさん「京都旅行に行ったときはよく走ります。京都は神社仏閣など見どころが多いから走っていると楽しいんです」

Aさん「いいですね。僕も京都が大好きでよく行きます。ぜひ、僕も今度京都を走ってみたいと思います。おすすめのコースはどのへんでしょうか?」

イエス・ノーではなく、深まる質問をしています。

これだと会話が盛り上がっていきそうな雰囲気がしませんか。

最初はあなたへの興味が薄かった相手も、こうやって話を広げていくとあなたへの興味が出てくる可能性は十分あります。

また話が盛り上がっていくと、不機嫌だった相手の機嫌がよくなったりこちらに対する感情が好転したりすることもあります。

的確な質問は、コミュニケーションの大きな武器になるのです。

話を広げる質問のコツ

話を広げる質問のコツのひとつが、相手の「好き」を聞くことです。

1　相手の好きなことを聞く。

2　相手の好きなことは相手の話の中だけではなく、持ち物などどこかに隠れていることも。オンラインなどでは、背景に「好き」のヒントがあることも。

3　相手の好きなことと、自分が話せることをつなげる。ただ質問をするだけでなく、自分の話も折り込むことで、話が盛り上がった状態を作る。

人は自分の好きなことについて話しているときは楽しく、自分の好きなことに関心を示してくれる人に好感を抱きやすいものです。**相手の「好きなこと」は最高の話の種になります。**

もうひとつ、僕たち編集者がよく使う質問のコツを紹介します。

取材などで質問をする機会が多いのですが、そのときに**「ど真ん中の質問をする」**ということです。

たとえば、料理人に取材する場合なら「なぜあなたの料理はおいしいのですか?」と直球ど真ん中の質問をする。

なぜこういった質問をするのかというと、まずは「それを知りたい」という好奇心が一番です。それともうひとつ、こういったド直球の質問はさまざまな方向に話が広がる可能性を秘めています。

この質問が料理人のこれまでの歴史につながるかもしれないですし、素材の話にいくかもしれません。レストランとは何かという方向に広がるかもしれません。想定外のおもしろい話に広がる可能性があるから、ど真ん中を聞くわけです。

「話しかけにくい人」への対応策

こんな話を聞きました。

「会社の上司に報告をしなければならなかったのですが、上司が忙しそうだったので、話しかけるタイミングがなかったんです。様子を見ているうちに、逆に上司から『あの件どうなった？』と聞かれてしまい、報告をしたら、『なんでそんなに報告が遅くなるんだ！』と怒られたんです。でも以前、早めに報告しようと話しかけたら『いま忙しい！』と怒られたことがあり……。私はどうしたらいいでしょうか？」

こういう経験をしたことが、僕にもあります。

上司への報告のタイミングを見ていたら、ちょっとしたすきに外出してしまい

そのままノーリターン。しょうがないのでメールで報告をしたら、「報告が遅い！」と怒られました。

こういうケース、確かにどうしたらいいか迷うところです。

話しかけやすい人であればこんなことにはならないのかもしれないですが、相手が話しかけにくい人だとそうもいきません。

たとえば「感情的になりやすい人」は話しかけにくい人です。ちょっとしたスイッチが入ると、すぐに感情的になる。

では、すぐ感情的になる人に伝えないといけない場合、どうしたらいいのでしょうか。

ポイントは**「なぜ相手が感情的になるのか」**です。

怒る理由で多いのはこの4つではないでしょうか。

- **・自分の思い通りにならない。**
- **・相手に何度言ってもわからない。**
- **・相手の態度が悪い、気遣いがない。**
- **・ただ機嫌が悪い。**

たとえば、先ほどの上司への報告のケース。上司側から見れば「報告が遅い！」というのは「自分の思うとおりになっていない」「何度も言っているのにわかってない」ということが怒りの原因です。一方で忙しいときに話しかけて怒るのは「気遣いがない」というのが原因です。

そこで対応策です。

まず避けたいのは**相手に対し、こちらも感情的に対応したり、逆にビクビクした態度をとらないこと。**相手の感情を助長させないためです。

おすすめしたいのは**「研究者視点」**です。

相手と同じ階層に立つのではなく、相手を研究対象としてとらえる。怒り出した相手に「人はなぜすぐ怒るのかを研究している脳科学者」になる。もちろん研究者視点はあくまで頭の中だけであって、態度に出してはいけません。

頭の中を研究者視点にして、目の前で起きている不快なことやネガティブなことを自分の学びに転換する。

たとえば、さまざまなクレームに対応している企業のお客さま相談室であれば、クレームは事業成長やサービス向上につながる大切な材料になります。

嫌なクレームをできるだけ価値があるものとしてとらえられるようになる。そういう思考をしていくことでマイナスをプラスに転換させます。

僕はこれを**「ポジティブ価値化」**と呼んでいますが、これを意識することが対策になります。

感情的には、「なんでそんなことまで考えないといけないんだ」という心の声もあるかもしれませんが、それは相手のためではなく自分のためにです。

おわりに

バナナと私

我が家の冷蔵庫にはバナナが常備されています。

理由は、バナナが僕と愛犬のかけはしだからです。

我が家の愛犬はバナナが大好物。毎朝、僕に「バナナ、くれ！」とつきまとってきます。

1本のバナナを少し愛犬にあげて、残りは僕が食べる。この時間が僕にとって心穏やかな時間です。

100文字は少し超えていますが、これが僕にとってのバナナの魅力のひとつです（バナナのおいしさの魅力は58ページで書いたとおりです）。

『バナナの魅力を100文字で伝えてください』をここまで読んでいただき、ありがとうございました！

最後に、そもそもなぜバナナの魅力なのか？　この本のタイトル『バナナの魅力を100文字で伝えてください』について解説をさせてもらいます。

なぜ「バナナ」？
なぜ「100文字」？
なぜ「伝えてください」？

そう思った方もいると思いますが、この3つ、それぞれに理由があるんです。

●バナナ

僕がバナナ好きで「その魅力を発見した」というのがタイトルに採用させてもらった大きな理由ですが、さらにもうひとつ、伝わる構造の中の「相手ベース」「親近感」を意識してバナナを選択しました。

バナナは多くの人になじみがあり、「親近感」もある果物です。世の中を見渡すと、意外にバナナは活躍しています。キャラクターやファッションブランドの名前に使われていたり、バナナボートなどもありますよね。興味を持ってもらいやすい言葉なわけです。

●100文字

100文字にも伝わる技術を使っています。「数字の法則」です。156ページで書かせてもらいましたが、ポイントは「伝える相手が想像しやすい数字を使う」です。

100文字はイメージしやすい数字かと思います。たとえば「バナナの魅力を

3万文字で伝えてください」だとどうでしょうか？　3万文字だとイメージしにくいですよね。

それにプラスして、100文字は記憶にも残りやすい分量だと思っています。

「間の法則」（150ページ）に出てきた人間が瞬間的に覚えられる記憶の容量は、意味をもった情報の塊で平均7つ（もしくは平均4つ）という話です。

僕が書いたバナナの魅力は6つの情報の塊です。

① **我が家の冷蔵庫にはバナナが常備されています。**

② **理由は、バナナが僕と愛犬のかけはしだからです。**

③ **我が家の愛犬はバナナが大好物。**

④ **毎朝、僕に「バナナ、くれ！」とつきまとってきます。**

⑤ **1本のバナナを少し愛犬にあげて、残りは僕が食べる。**

⑥ **この時間が僕にとって心穏やかな時間です。**

このくらいなら、記憶に残りやすい感じがします。

ちなみに、話す場合は100字なら20秒くらいでゆっくり話すと相手に伝わりやすいそうです。

●伝えてください

これは、この本に興味をもってくれたあなたに「伝えてください」とお願いをして、「自分ゴト」にしてもらう言葉です。それと、伝え方の本なので、「伝える」という言葉をストレートに入れています。

これが、この本のタイトルの秘密です。（秘密というほど大げさなものではないですが……）

種明かしはけっこう恥ずかしいものですが、「伝わる法則」を書いた本なので、最後に明かさせてもらいました。

僕自身、「伝える」ということに四苦八苦しながら、これまで生きてきました。伝えたいことがなかなか伝わらず、何で伝わらないんだろうという悩みがたくさんありました。

伝わるとはどういうことかを何度も何度も考え、学び、実践しながらやってきたことの積み重ねが、この本に書かれていることです。

また、本書の制作にあたり、何人もの方々に取材をさせていただき、伝え方に関する悩みや課題をお聞きしました。

この場を借りてお礼申し上げます。

この本はたくさんの人の悩みがあったから生まれた1冊です。

本書が、あなたの人生の役に立てたのならば、こんなに嬉しいことはありません。

繰り返しになりますが、読んでいただきありがとうございました！（何度でも伝えたい心境です）

柿内尚文

最後にあらためて、この本のおすすめしたい使い方を書いておきます。

- **一度読んで終わりにせず、ぜひ何度も読み返してください。**
- **自分にとって大切な箇所に線を引く、思ったことを余白部分に書き込むなど、この本の内容を、ぜひあなたのものにしてください。**
- **インプットで終わることなく、自分のケースにあてはめて、どんどん活用してアウトプットしていってください。**
- **この本をきっかけに、あなた自身の「伝わる技術」を作ってください。**
- **この本の袖**（カバーの折り込まれている部分）**は一筆箋になっています。メッセージを書いて、ぜひ大切な人にこの本をプレゼントしてください。**（これはお願いです）

参考文献

『金持ち父さん貧乏父さん』ロバート・キヨサキ、シャロン・レクター（筑摩書房）

『頭がいい人、悪い人の話し方』樋口裕一（PHP研究所）

『学年ビリのギャルが1年で偏差値を40上げて慶應大学に現役合格した話』坪田信貴（KADOKAWA）

『接客のプロが教える上客のつくサービスつかないサービス』蔵田理（アスコム）

『松岡修造の人生を強く生きる83の言葉』松岡修造（アスコム）

『人は見た目が9割』竹内一郎（新潮社）

『パン屋ではおにぎりを売れ』柿内尚文（かんき出版）

『壁を越えられないときに教えてくれる一流の人のすごい考え方』西沢泰生（アスコム）

『会話の9割は「言いかえ力」でうまくいく』津田秀樹、西村鋭介（アスコム）

『銀の匙 Silver Spoon』荒川弘（小学館）
『史上もっとも簡単なトッピング英語術』デイビッド・セイン（アスキーコミュニケーションズ）
『mini版 英会話の9割は中学英語で通用する』デイビッド・セイン（アスコム）
『親が死ぬまでにしたい55のこと』親孝行実行委員会（泰文堂）
『人は話し方が9割』永松茂久（すばる舎）
『はじめての人のための3000円投資生活』横山光昭（アスコム）
『フランス人は10着しか服を持たない』ジェニファー・L・スコット（大和書房）
『人生を教えてくれた 傑作！広告コピー516』メガミックス・編（文藝春秋）
『「空腹」こそ最強のクスリ』青木厚（アスコム）
『なぜ、あなたの思っていることはなかなか相手に伝わらないのか？』西剛志（アスコム）
『「もう怒らない」ための本』和田秀樹（アスコム）
『頭に来てもアホとは戦うな！』田村耕太郎（朝日新聞出版）
『バカとつき合うな』堀江貴文、西野亮廣（徳間書店）

【著者紹介】

柿内　尚文（かきうち・たかふみ）

編集者、コンテンツマーケター。

◉──1968年生まれ。東京都出身。聖光学院高等学校、慶應義塾大学文学部卒業。読売広告社を経て出版業界に転職。ぶんか社、アスキーを経て現在、株式会社アスコム取締役。

◉──長年、雑誌と書籍の編集に携わり、これまで企画した本やムックの累計発行部数は1000万部以上、10万部を超えるベストセラーは50冊以上に及ぶ。現在は本の編集だけでなく、編集という手法を活用した企業のマーケティングや事業構築、商品開発のサポート、セミナーや講演など多岐にわたり活動。初の著書『パン屋ではおにぎりを売れ』（小社）はベストセラーに。

◉──趣味はサッカー観戦と歩くこと。サッカー観戦は毎年30試合以上をスタジアム観戦するほど。

バナナの魅力《みりょく》を100文字《もじ》で伝《つた》えてください

誰《だれ》でも身《み》につく36の伝《つた》わる法則《ほうそく》

2021年12月17日　第１刷発行

2024年10月24日　第17刷発行

著　者──柿内　尚文

発行者──齊藤　龍男

発行所──株式会社かんき出版

東京都千代田区麹町4-1-4 西脇ビル　〒102-0083

電話　営業部：03(3262)8011㈹　編集部：03(3262)8012㈹

FAX　03(3234)4421　振替　00100-2-62304

https://kanki-pub.co.jp/

印刷所──大日本印刷株式会社

　ISBN978-4-7612-7577-8 C0030